ÉMILIE LE GUINIEC
ET CLÉMENCE FLOC'H

INFLUENCEURS : UNE VIE SOUS ALGORITHME

Robert Laffont

Conception de la maquette : © Laure Faucon

ISBN : 978-2-221-27489-7
Dépôt légal : avril 2024
Éditions Robert Laffont – 92, avenue de France 75013 Paris

Introduction

(Émilie)

C'est une bonne situation ça, influenceur ? Y a-t-il vraiment de bonnes ou de mauvaises situations… ? Ce métier, qui n'existait pas il y a quinze ans, fait pourtant indéniablement rêver. En 2019 déjà, aux États-Unis et en Grande-Bretagne, 30 % des enfants voulaient devenir influenceurs plutôt qu'astronautes (11 %[1]).

Tantôt adulés, tantôt honnis, les créateurs de contenu sont aujourd'hui un sujet de prédilection pour les médias qui ont bien saisi la dimension presque passionnelle que la société entretient avec les influenceurs. Comme un miroir tendu, ils nous renvoient une image qui ne laisse personne indifférent. Accusés d'être narcissiques, frivoles, outranciers voire arnaqueurs, ils sont pourtant de plus en plus suivis et « likés ». Le marché de l'influence en France et dans le monde ne cesse en effet de croître et de se diversifier, les investissements côté marques sont de plus en plus importants et les différentes études sur le sujet s'accordent à dire que cette

1. Éric Berger, « American Kids Would Much Rather Be YouTubers than Astronauts », Arstechnica.com, 16 juillet 2019.

ascension n'est pas près de s'arrêter. À juste titre puisqu'ils influencent nos manières de consommer, de communiquer, parfois même de s'engager ou de voter. Que l'on soit adepte des réseaux sociaux ou non, les influenceurs font désormais partie intégrante de notre société.

Adolescents, Millénials (la génération née entre 1984-1995), tout comme la Gen Z (1995-2005) sont particulièrement fascinés par ce qu'ils perçoivent comme un Eldorado. Nous vivons dans une société qui croit au « coup », au mythe de l'argent facile. Les laborieux qui suivent les règles, qui n'auront pas réussi à percer, ou pas suffisamment persévéré sont considérés comme les perdants. Les bitcoins, les licornes qui lèvent des millions sur des concepts innovants (ou non), cet univers fantasmagorique est notre nouveau pays de Cocagne. L'hystérie qui se crée autour de l'influence est le symptôme de cette illusion, quand bien même ce fantasme, on le verra, est éloigné de la réalité dans la majorité des cas.

Ils nous instruisent, nous émeuvent, nous font rêver (nous font acheter), et surtout nous divertissent. Alors pourquoi sont-ils aussi décriés ? 42 % des créateurs de contenu se considèrent comme négativement représentés par les médias[1].

1. Étude Reech 2024.

L'une des raisons de ce phénomène, à laquelle ils doivent également leur succès, est la limite ténue et mouvante séparant le professionnel de l'intime. Beaucoup d'usagers des réseaux sociaux suivant des créateurs se sentent abusés par un sentiment de fausse proximité. Pourtant, ce métier n'est pas si simple à exercer. À l'heure où chacun d'entre nous est noté, catégorisé, rationalisé, eux le sont plus que quiconque. Avis sur Google, Tripadvisor, Uber, Vinted… Le concept d'évaluation est partout et nous sommes tous devenus, à différentes échelles, les participants d'un télécrochet, notés par un jury digital.

Quel est le quotidien des influenceurs ? Quel travail se cache derrière les likes, les produits de beauté vantés, les prises de parole engagées ou les looks affichés ?

Pour mieux appréhender ce phénomène qui, depuis une dizaine d'années, bouleverse l'équilibre des forces médiatiques, nous avons croisé nos expériences professionnelles mais également recueilli la parole d'experts, et surtout celle des principaux intéressés, les créateurs de contenu.

Le monde de l'influence est vaste et divers, il était donc impossible d'en traiter toutes les nuances et nous avons dû faire des choix. C'est pourquoi nous aborderons principalement l'univers des créateurs de contenu dits « natifs », ceux dont la notoriété s'est construite sur les réseaux sociaux, contrairement aux « non-natifs », connus en dehors des plateformes – c'est le cas notamment des stars de la téléréalité. Ce livre ne saurait représenter l'entièreté des influenceurs. Il s'agit d'une analyse parmi d'autres, fondée sur des témoignages que nous avons souhaités les plus divers possible.

Cet ouvrage est né de l'envie de déconstruire les mythes, les *a priori*, et de livrer une vision neutre de l'influence, et plus particulièrement de la vie de ces fameux créateurs de contenu. Si vous êtes intéressé, dérouté ou opposé à cette industrie, que vous soyez influenceur, aspirant créateur de contenu ou simple curieux, ce livre est fait pour vous.

Peut-être, qui sait, réussirons-nous l'impossible exploit de réconcilier les créateurs et le grand public ?

Première partie

TOUR D'HORIZON

L'INFLUENCE, UNE NOUVELLE VOIX

L'émergence des réseaux sociaux : une démocratisation de la prise de parole

(Clémence)

L'arrivée, il y a un peu plus d'une quinzaine d'années, du phénomène des influenceurs a révolutionné la société et dessiné de nouveaux contours. L'information, l'expertise et les « voix importantes » ne sont plus aujourd'hui détenues uniquement par des personnes reconnues, installées et considérées, grâce à leur diplôme, comme des experts. Avant l'ère des réseaux sociaux, l'information était diffusée *via* les médias traditionnels (télévision, presse écrite, radio). L'émergence des plateformes numériques sur lesquelles chacun peut s'exprimer et partager son opinion et son savoir a permis une large démocratisation de la parole et ouvert un espace plus diversifié et des voix plurielles. Pour Rémy Oudghiri, sociologue et directeur de Sociovision (groupe Ifop, Institut français d'opinion publique), cette nouvelle façon de diffuser l'information et de la partager est parfaitement illustrée par ce phénomène des influenceurs. « Ce sont des anonymes qui deviennent visibles grâce à leur production de contenu sur les réseaux sociaux. Ces personnes, en produisant un contenu qui leur est propre sans avoir nécessairement la légitimité académique pour le faire, arrivent à créer un réseau d'influence qui, au bout d'un moment, fait que certains ont plus d'impact que ceux qui en ont la légitimité traditionnelle[1]. »

Pour le sociologue, l'arrivée de ce phénomène dans le monde actuel a profondément changé l'ordre de la société : « Là où il y avait, dans le rapport à l'information, aux autorités, aux experts, une certaine forme de verticalité, les influenceurs ont créé un nouveau champ, parallèle, alternatif, qui crée une relation horizontale[2]. » Cette nouvelle distribution dans le paysage médiatique a progressivement fait émerger des possibilités : chacun, s'il le souhaite, peut devenir expert dans un domaine et donc s'imposer comme un influenceur. « C'est une façon de concevoir le savoir qui n'est plus académique et traditionnelle. De ce point de vue-là, c'est une

1. Entretien avec les autrices, novembre 2023.
2. *Ibid.*

révolution, poursuit Rémy Oudghiri. Le phénomène d'Hugo Décrypte est tout particulièrement intéressant : il n'était même pas diplômé qu'il avait déjà un public et donnait son avis sur un tas de sujets. C'est troublant car c'est une façon nouvelle de concevoir le savoir là où, auparavant, on attendait d'avoir un diplôme. Il était, avant même son obtention, considéré comme un expert. »

La youtubeuse @Natoo résume très bien cette démocratisation de la parole dans le documentaire *Squeezie. Merci Internet* : « Je n'étais pas vouée à faire ça, j'étais fonctionnaire. Et arrive une plateforme qui s'appelle YouTube, qui permet à n'importe qui, peu importe le statut social, de créer, de poster et d'être vu[1]. »

Mais cette émergence des influenceurs dans la société a un effet à double tranchant. Comme pour tout bouleversement, certains aspects sont bénéfiques, d'autres, plus ambigus. Si la multiplicité des paroles ouvre des horizons, et permet au public de consommer d'une autre manière des informations ou de découvrir de nouveaux univers, cela peut entraîner une confusion ou créer des experts qui n'en sont pas véritablement. « Il peut y avoir des

1. Extrait de la série documentaire en cinq épisodes, disponible sur Amazon Prime Video depuis janvier 2024.

failles que le public n'est pas capable de repérer car il n'est pas expert. Le risque, c'est le relativisme. Chacun est mis au même niveau et, à terme, cela peut rendre difficile le fait d'exercer son autorité à partir du moment où chacun est producteur de son propre point de vue et peut l'exprimer comme il l'entend. Il devient compliqué de déterminer ce qui est vrai et ce qui est faux », continue d'analyser le sociologue. Qui est légitime pour prendre la parole ? Qui ne l'est pas ? Comment être sûr de l'information diffusée ? Le public a un rôle à jouer et se doit aussi d'être attentif et de faire preuve d'esprit critique.

La parole médiatique était jusque-là monopolisée par une partie de la société issue soit d'une certaine élite, soit du milieu académique. Certes, l'information était vérifiée, mais elle était moins riche de points de vue divers, culturellement moins dense. Pour être vu sur les réseaux sociaux, le seul critère est le talent. Si Hugo Décrypte peut interviewer en 2019 le chef de l'État français avant l'obtention même de son diplôme de Sciences Po, c'est parce qu'il est doué. Les plateformes sont l'espace de la méritocratie.

Plus de plafond de verre, de notion de classe sociale, de niveau de vie ou d'éducation, les réseaux sociaux seraient enfin l'outil d'expression égalitaire où chacun a l'opportunité de prendre la parole sans devoir appartenir à une élite.

C'est quoi, un influenceur ?

(Émilie)

Ou plutôt, c'est *qui* ? N'est-ce pas la question que tout le monde se pose ? Qui dit influenceurs dit influencés. Appellation somme toute très désagréable. Nous pouvons tous nous sentir vexés d'être classés dans la seconde catégorie. Les choses sont sans doute plus complexes qu'il n'y paraît. Déconstruisons ensemble les phénomènes qui concourent à faire d'un influenceur, un influenceur !

Sur ces plateformes horizontales que sont les réseaux sociaux, et à l'exception des personnalités publiques connues en dehors, nous partons tous au départ avec la même visibilité, avec la même chance d'être entendus. Si l'on omet le coût de la technologie nécessaire à leur accès et les freins politiques dans certains pays, le monde entier peut s'y exprimer. Certains, toutefois, se démarquent de cette foule d'anonymes pour se créer une identité remarquable et s'élèvent alors au statut de référence : on les suit, on les écoute. Mais influencent-ils réellement ? Peut-être faut-il s'interroger en préambule sur la définition même du terme.

Selon le *Larousse*, l'influence est le « pouvoir social et politique de quelqu'un, d'un groupe, qui leur permet d'agir sur le cours des événements, des décisions prises ». Donc si l'on en croit le dictionnaire, ces personnes exerçant l'influence modifient la façon de faire ou de penser des autres. Elles bénéficient d'une aura et d'une crédibilité auprès d'une audience composée de personnes qui choisissent de les écouter et qui leur accordent leur confiance. Car avant toute chose, l'influence sur les réseaux sociaux repose sur la crédibilité, la cohérence et l'authenticité de l'individu ou de la marque, plutôt que sur la simple diffusion de messages publicitaires. La notion de choix des communautés est un paramètre très important dans cette équation qui, nous y reviendrons, est trop souvent oublié au profit d'une vision moutonnière des audiences qui consomment des contenus sur les réseaux sociaux.

Revenons à la notion d'influence. Elle n'a pas été inventée avec l'arrivée de Facebook et Twitter. La notoriété a toujours été un critère social fort, et autrefois on pouvait juger un individu à l'aune de sa fonction, de sa famille ou de son réseau. Dans l'Antiquité déjà, l'opinion publique porte un nom, la *fama*. Néanmoins, aujourd'hui, plusieurs sociologues s'accordent à dire que « jamais la réputation n'a été plus cruciale que dans nos sociétés contemporaines[1] », comme l'explique la philosophe et chercheuse Gloria Origgi.

Avec son flot d'innovations langagières, le « poids » de chacun se mesure aujourd'hui en « K[2] », en « likes », en engagements, en vues. Cette quantification de l'impact social donne à chaque utilisateur sa valeur au sein de cette nouvelle agora. Plus que cela, la présence sur les réseaux sociaux, qu'elle soit voulue ou induite, est devenue un enjeu de société auquel on peut même accorder une valeur patrimoniale[3].

La loi n° 2023-451 du 9 juin 2023 donne une définition précise des personnes exerçant l'influence commerciale : « Les personnes physiques ou morales qui, à titre onéreux, mobilisent leur notoriété auprès

1. Gloria Origgi, *La Réputation. Qui dit quoi de qui*, Paris, Puf, 2015.
2. Le nombre d'abonnés d'un créateur s'exprime en milliers d'abonnés, en K. 100 K correspond à 100 000 abonnés.
3. La valeur d'une campagne d'influence peut se mesurer notamment en calculant l'EMV (*earned media value*). Le principe général de l'EMV est de valoriser les retombées média obtenues par une opération par rapport au budget qui aurait été nécessaire pour acheter un espace publicitaire traditionnel donnant les mêmes volumes d'audience et la même qualité d'exposition.

de leur audience pour communiquer au public, par voie électronique, des contenus visant à faire la promotion, directement ou indirectement, de biens, de services ou d'une cause quelconque exercent l'activité d'influence commerciale par voie électronique. »

Même si 59 % des individus ayant répondu à l'étude Reech 2023[1] déclarent que les influenceurs leur font découvrir de nouveaux biens et services, il serait réducteur de limiter les créateurs de contenu à une simple prescription commerciale. Leur public les suit pour leur pouvoir inspirationnel mais aussi pour se détendre, s'informer, rêver.

Dans leur immense majorité, les créateurs sont des passionnés d'un ou plusieurs sujets, et sont animés par une réelle envie de partager avec les autres leurs hobbys. Qu'il s'agisse de mode, décoration, littérature, bricolage, histoire ou cuisine miniature (une pratique qui consiste à cuisiner de mini-aliments dans une mini-cuisine avec de mini-instruments), le moteur est le même : échanger, confronter, proposer de l'information. Car, rappelons-le, les contenus créés sur les réseaux sociaux sont gratuits, et

1. Reech est une entreprise experte en matière de marketing d'influence. Elle publie chaque année une étude sur le secteur de l'influence qui fait référence dans le secteur.

c'est une révolution. @Gotaga, l'excellent youtubeur gaming aux plus de 4 M d'abonnés, l'explique dans le documentaire de Théodore Bonnet *Merci Internet* : « Quand on dit qu'on a commencé par passion, c'est véridique. C'est-à-dire qu'il n'y avait rien à gagner à l'époque, tu voulais juste partager quelque chose sur Internet[1]. » Partager, voilà le concept clé lorsque l'on veut comprendre l'état d'esprit d'un créateur de contenu. L'envie de départ est toujours la même, celle d'embarquer d'autres personnes dans son univers. La notion financière, non négligeable pourtant, ne vient qu'ensuite. Mais pour la plupart, ou sans doute pour les meilleurs, elle n'était pas présente au moment de la genèse.

Ils seraient aujourd'hui 150 000 à 200 000 créateurs de contenu en France et leur arrivée dans nos vies a chamboulé l'équilibre médiatique, ainsi que notre rapport à la consommation. Reste à comprendre en quoi consiste leur métier et pourquoi les marques sont si friandes de ces fameux contenus.

1. *Merci Internet*, Theodorebonnet.com.

L'INFLUENCEUR, UNE ÉNIGME POUR LE GRAND PUBLIC

Que fait un influenceur ?

(Émilie)

Il influence, bien sûr !

La fonction du créateur de contenu est avant tout d'informer, d'inspirer ou de divertir une communauté. Son activité se trouve à la croisée de plusieurs métiers : média, agence de production et agence de communication. Comme le dit Théodore Bonnet dans *Merci Internet* : « Ce qu'il faut comprendre, c'est que notre génération était en train d'apprendre non pas un métier mais une série de métiers en partant de rien. Il fallait apprendre à écrire, à filmer, à se mettre en scène, à faire du montage, des effets spéciaux quand il y en avait. Normalement, tout ça s'apprend dans les écoles. Nous, on l'a appris sur Internet[1]. »

1. *Ibid.*

Bien que l'influenceur ne soit pas journaliste, c'est cette analogie qui est la plus évidente. À l'instar de la presse, d'une chaîne télévisée ou d'une radio, un influenceur définit pour son compte une ligne éditoriale, donc un ton et un positionnement qui lui est propre et qu'il propose à une audience qui le suit pour ces raisons. Dès lors, sa première tâche, et la plus importante, est d'alimenter son compte avec du contenu qui corresponde à ses choix éditoriaux. Ses productions peuvent être photos, vidéos, articles de blog, podcasts, lives, etc. Cet approvisionnement ne se fait pas au hasard : pour maintenir l'intérêt de la communauté, il faut définir un planning éditorial afin d'assurer une cohérence dans les contenus. Dans l'établissement de cette stratégie éditoriale, il faut prendre en compte les attentes de l'audience mais également l'algorithme des plateformes.

Pour cela, il faut bien connaître sa communauté et comprendre ses attentes en termes de contenu. Il s'agit d'une part essentielle et relativement invisible du travail de l'influenceur : échanger avec sa communauté. Cela demande un investissement important qui ne souffre pas de délai. Des questions reviennent souvent concernant les influenceurs : « Répondent-ils à tous les messages qu'ils reçoivent ? », « Répondent-ils eux-mêmes à tous les messages ? » L'immense majorité d'entre eux ne délègue jamais les rênes de leur compte à une tierce personne, et c'est là que s'arrête l'analogie avec le média, car le compte d'un influenceur est incarné. Il ne s'agit pas d'une organisation avec une équipe, mais d'un individu unique dont le ton et la personnalité constituent la valeur ajoutée. Il est donc quasiment impossible pour l'influenceur de déléguer les échanges avec la communauté.

Même si le volume de messages est important, un grand nombre de créateurs s'imposent de répondre à un maximum d'entre eux par respect pour leur communauté, à l'instar d'Axel (@Axelenvrai) : « Oui j'en ai beaucoup. J'essaie de répondre à quasiment tous les DM[1], déjà parce que j'ai la chance de vivre des choses cool grâce aux gens et par respect aussi. Y a rien de plus gratifiant et plaisant que quand tu reçois des petits audios ou messages de gens qui te disent que tu les as aidés à passer un moment difficile[2]. »

S'ils ne peuvent répondre à la totalité des messages privés, surtout pour des communautés très importantes, les créateurs de contenu se doivent d'en traiter la majorité. Premièrement car les interactions sont sources d'enrichissement et

1. *Direct message*, ou message privé.
2. Entretien avec les autrices, septembre 2023.

d'information ; deuxièmement pour des raisons professionnelles. En effet, les influenceurs sont « valorisés », notamment en fonction de leur *engagement*, c'est-à-dire du pourcentage de réactions (likes, commentaires, enregistrements) que génère leur contenu. Ce taux traduit la capacité du créateur à susciter une réaction de son audience et, par extension, son pouvoir de *prescription*. Plus il entretient une relation authentique et constante avec ses followers, plus l'adhésion est importante et impactera directement le taux d'engagement, et donc les futurs partenariats…

La limite est très ténue entre vie personnelle et professionnelle, c'est l'une des caractéristiques de ce nouveau métier. Dès lors, les compétences professionnelles attendues ressemblent davantage à des qualités individuelles : authenticité, sincérité, honnêteté, sens du partage, attitude positive, etc.

Afin de créer ce fameux contenu, l'influenceur doit trouver la matière qui lui permettra de le produire en fonction de sa ligne éditoriale. Pour un créateur comme Hugo Décrypte, ce travail est similaire à celui d'un site d'information ; pour d'autres, il s'agira de mises en scène du quotidien. Pour partager des expériences, il faut avant tout les vivre, ce qui constitue également une part chronophage de leur activité. Voyages, restaurants, événements, films mais aussi naissance, mariage, vacances en famille, tout peut donner lieu à une production de contenu. Au-delà du plaisir à les vivre, il y a une véritable nécessité à alimenter son média.

Vivre, produire, partager, voici la devise des créateurs, mais derrière ces termes se cache une réalité entrepreneuriale. Bien sûr, à cela s'ajoutent un certain nombre de tâches liées à la gestion d'entreprise, comme pour tout entrepreneur : les problématiques comptables, bancaires, managériales et de gestion.

Dichotomie entre influenceurs et créateurs de contenu

(Émilie)

Qui dit nouveau métier dit également nouveautés linguistiques. Depuis plus d'une décennie maintenant, les mots « like », « communauté » ou « story » sont entrés dans notre quotidien. Autant de termes, souvent empruntés à la langue anglaise, pour illustrer de nouvelles pratiques, de nouveaux codes.

Mais qu'en est-il des hérauts de cette forme de communication 2.0 ? Serait-il pertinent de les regrouper sous le générique « influenceurs » sans aucune nuance ? Il existe en réalité une multitude de typologies d'influenceurs en fonction des tailles d'audience mais également des thématiques abordées. La différence la plus significative se situe entre les créateurs dits « natifs » et les « non-natifs ». Font partie de cette dernière catégorie les stars de cinéma, les politiques et les participants de programmes de téléréalité. Même s'il existe une grande diversité de ces stars du petit écran, elles ont le plus souvent des communautés nombreuses et très engagées (qui interagissent beaucoup avec elles) et ne sont pas des professionnels de la production de contenu. Elles le deviennent avec l'expérience mais n'ont pas les compétences nécessaires au moment de leur arrivée sur les réseaux sociaux. Elles sont souvent surprises par cette notoriété nouvelle, bien qu'elles la recherchent, alors que les créateurs de contenu de métier construisent leur communauté en même temps qu'ils développent les compétences professionnelles nécessaires. Leur brusque notoriété les rend vulnérables à certaines pratiques d'agences ou d'annonceurs.

C'est ainsi qu'on a vu émerger de nombreux scandales dans l'influence, touchant majoritairement, il faut bien le dire, cette typologie d'influenceurs. On pense bien sûr à l'affaire Magali Berdah contre Booba, qui a marqué durablement l'opinion publique concernant les influenceurs. Cette guerre médiatique et judiciaire a secoué le secteur et défrayé la chronique. En 2022, le rappeur de Boulogne a pris la parole sur son compte X (anciennement Twitter, où il cumule plus de 6 M d'abonnés) pour dénoncer les pratiques opaques de certains influenceurs et de leurs agents. Il cite notamment Magali Berdah, alors P.-D.G. de l'une des plus importantes agences de l'époque. À coups de tweets assassins, Booba a attiré l'attention publique sur les arnaques de ces « influvoleurs[1] ». Ce coup de projecteur peu flatteur a participé à la genèse de la loi du 9 juin 2023 sur l'influence commerciale[2].

Beaucoup de créateurs de contenu « classiques » se sont sentis injustement associés à ces pratiques[3] et souhaitent aujourd'hui se détacher de cette frange cousine qui partage en effet les mêmes plateformes mais pas forcément les mêmes pratiques professionnelles, en préférant l'appellation

1. Terme qui a émergé dans les médias au moment de la polémique, contractions des mots « influenceurs » et « voleurs ».
2. Loi n° 2023-451 du 9 juin 2023 visant à encadrer l'influence commerciale et à lutter contre les dérives des influenceurs sur les réseaux sociaux.
3. Sont notamment visées les pratiques commerciales trompeuses ainsi que le *drop-shipping* (la vente à des prix élevés de produits achetés sur des sites chinois à très bas coût).

« créateurs de contenu » plutôt qu'« influenceurs », ces derniers étant souvent taxés de superficialité, en proie aux scandales, vivant à Dubaï pour fuir le fisc français.

« Je dissocie les deux. Si tu es créateur de contenu, que tu aies des abonnés ou non, tu as cette vie de créateur, tu racontes quelque chose. L'influence, c'est ce qui vient après, c'est le rapport aux marques. » Selon Axel (@Axelenvrai), la différence entre un créateur de contenu et un influenceur serait donc la motivation, l'impulsion de départ. Quand le premier est animé par l'envie de partager, l'autre le serait pour des raisons pécuniaires. Si certains peuvent taxer cette vision de moralisatrice, elle résonne néanmoins pour tous.

Que l'argent soit un moyen ou un but en soi, il est vrai que les codes de ces deux univers sont assez éloignés et que les marques collaborent avec l'une ou l'autre de ces catégories mais plus rarement avec les deux. Beaucoup de créateurs de contenu refusent les partenariats avec des annonceurs trop marqués téléréalité. Les méthodes de rémunération sont également différentes. Les créateurs de contenu sont le plus fréquemment rémunérés par des budgets fixes tandis que les influenceurs peuvent être payés à la commission de vente : plus leur communauté achète le produit proposé, plus le budget est important.

Cette nuance sémantique cache donc une réelle scission de la profession qui s'est également manifestée lors des échanges avec le gouvernement à l'occasion du vote de la loi encadrant la pratique de l'influence commerciale. Elle est également prégnante, on le verra, dans le corporatisme récent de la profession qui exclut les influenceurs de téléréalité et les agences les représentant.

À partir de combien d'abonnés est-on influenceur ?

(Émilie)

Il n'y a pas que la taille qui compte ! Il s'agit d'une question quasiment philosophique. Pourquoi un influenceur est-il un influenceur ? Quels sont les critères ? N'influençons-nous pas tous nos amis, nos collègues ou notre famille ? Faut-il avoir beaucoup d'abonnés pour être qualifié d'influenceur ?

En marketing d'influence, on est considéré comme (nano-)influenceur à partir de 1 K abonnés sur un même réseau social. En France, on estime à 150 K le nombre de créateurs de contenu[1]. Généralement, un influenceur commence à être rémunéré à partir de 20 à 30 K abonnés.

On répartit les créateurs de contenu en cinq grandes catégories.

Les nano-influenceurs

Taille de la communauté : entre 1 K et 15 K followers.

Bien que ne pouvant pas en vivre, ils peuvent pratiquer l'influence commerciale et intéressent les annonceurs. Ils entretiennent des relations intimes et fortes avec leurs abonnés.

Les micro-influenceurs

Taille de la communauté : environ 15 K à 100 K followers.

Ils bénéficient d'un engagement important et d'une forte crédibilité auprès de leur communauté.

1. Selon le gouvernement, en 2023 : « Loi du 9 juin 2023 visant à encadrer l'influence commerciale et à lutter contre les dérives des influenceurs sur les réseaux sociaux », Vie-publique.fr, 12 juin 2023.

Ils sont souvent experts dans leur domaine de prédilection et occupent ce que l'on appelle des niches : food, do it yourself, relations humaines, voyage, famille, etc.

Cette typologie de créateurs de contenu est la plus commune. En effet, en moyenne, les créateurs ont 69 K abonnés sur Instagram et 90 K sur TikTok[1].

Les macro-influenceurs

Taille de la communauté : environ 100 K à 500 K followers.

Ces influenceurs bénéficient d'une portée plus étendue et d'un pouvoir de prescription non négligeable. Ils sont souvent sollicités par les marques pour des partenariats, apportant une crédibilité considérable à leurs campagnes.

Les top influenceurs

Taille de la communauté : environ 500 K à 1 M de followers.

L'impact de ces influenceurs, touchant des audiences très larges, est substantiel. Ils jouent

1. Étude Reech 2024.

un rôle clé dans la visibilité et la notoriété des marques, en amplifiant leur message à grande échelle.

Les célébrités

Taille de la communauté : plus de 1 M de followers.

Leur puissance est indéniable, ils ont la capacité de façonner des tendances à une vitesse fulgurante. Les collaborations avec de tels influenceurs représentent un investissement stratégique majeur pour les marques cherchant une visibilité à grande échelle et un impact massif.

Mais aujourd'hui il n'est plus nécessaire d'avoir une audience pour créer du contenu. L'année 2023 a vu l'émergence d'un nouveau genre de créateurs, les (créateurs) UGC, soit *user generated content*. Le principe est simple : les marques proposent à des consommateurs lambda de s'approprier leur image et de créer du contenu pour les réseaux de l'enseigne. En échange, les meilleurs créateurs UGC sont rémunérés quelques centaines d'euros (ou à l'aide de produits) pour céder leurs droits d'auteur à l'annonceur. Il s'agit d'une forme d'ubérisation de la production publicitaire qui marque nettement la dichotomie entre l'influence et la création de contenu. On peut être créateur sans être influenceur, et vice versa.

Aussitôt nés, aussitôt concurrencés. Les créateurs UGC sont désormais menacés par les IGC, les nano-influenceurs qui créent eux aussi des publications pour les réseaux de marques. Guillaume Doki-Thonon (cofondateur et P.-D.G. de Reech) leur prédit un meilleur avenir : « L'UGC est un serpent de mer, fantasme du marketing, quelle est la probabilité que cela fonctionne ? L'IGC au contraire, ces petits influenceurs que l'on ne va pas prendre pour la taille de leur communauté et qui ont quand même prouvé qu'ils prennent de belles photos et connaissent les codes de l'influence : c'est le meilleur des deux mondes[1]. »

L'avenir de l'influence ne sera peut-être pas communautaire. Aujourd'hui, la taille de l'audience est l'un des paramètres les plus importants pour un influenceur. Mais demain ? Selon Guillaume, « l'algorithme de TikTok est en train de se glisser partout. L'intérêt du follower va complètement disparaître : tu ne vois plus les contenus parce que tu suis quelqu'un mais parce que l'algorithme sait que ce contenu va te plaire – ne plus parler de follower est positif parce que cela permet de mettre en avant

1. Entretien avec les autrices, janvier 2024.

la qualité du contenu plutôt que l'unique notoriété –, très challengeant pour les influenceurs, et changement de paradigme pour les annonceurs. » La plateforme chinoise pousse en effet davantage les contenus que l'utilisateur est « censé » apprécier, ou pour lequel l'annonceur a payé, que les publications de tiktokeurs suivis (c'est l'onglet « Pour toi » qui est mis en avant et non les abonnements). Il est donc possible que cette notion d'audience disparaisse purement et simplement.

Pourtant la force de l'influence réside dans la confiance établie entre une communauté et une personnalité. Cette relation, les influenceurs font attention à la préserver.

Les influenceurs recommandent-ils des produits qu'ils aiment ?

(Émilie)

Il s'agit de la question à un million. Les influenceurs sont-ils authentiques lorsqu'ils promeuvent un produit ou un service ? Sont-ils sincères lorsqu'ils échangent avec leur communauté ?

On entend régulièrement parler d'authenticité, une qualité devenue, en l'espace de quelques années, une obsession sociale. Jean-Laurent Cassely l'explique dans son livre *No Fake. Contre-histoire de notre quête d'authenticité*[1], notre société veut du « vrai ». Le marketing de l'authenticité est partout pour nous vendre des expériences plus vraies que nature. En 2023, ce critère est devenu l'une des principales tendances du secteur de l'influence. Beaucoup d'agences ont reçu des demandes de profils « vrais », « authentiques », « naturels ». Mais ces termes revêtent-ils une réalité, ou un nouvel avatar du « fake[2] » ? Le concept même est biaisé dès lors que l'on cherche à renvoyer une image de soi avantageuse. L'aphorisme est vrai pour tout un chacun, influenceur ou non. La société du self-branding laisse finalement peu de place au naturel.

S'interroger sur l'authenticité d'un influenceur est d'autant plus complexe quand on intègre l'aspect financier. La double injonction de rester, si ce n'est authentique, honnête avec sa communauté et de gagner sa vie avec des partenariats est une performance d'équilibriste qui impose de la rigueur. Car les créateurs qui perdurent sont ceux qui font des choix cohérents avec leur ligne éditoriale, et

1. Jean-Laurent Cassely, *No Fake. Contre-histoire de notre quête d'authenticité*, Paris, Arkhê, 2019.
2. *Fake* est le terme anglais qui désigne quelque chose de « faux ».

homogènes dans le temps. Leur survie dépend donc de leur capacité à refuser certaines campagnes qui ne leur correspondent pas, et donc des opportunités financières. Un créateur sérieux teste donc le produit ou service avant d'en faire la promotion et engage sa responsabilité et sa crédibilité lorsqu'il choisit d'en faire la publicité.

Comme le dit Delphine Desneiges, *alias* @Deedeeparis, blogueuse et instagrameuse engagée pour une consommation éthique et responsable : « Sur toutes les collaborations que j'accepte, il ne s'agit que de marques ou de produits dont je partage les valeurs. Soit je les achète et je les consomme déjà, soit je les découvre et je deviens une cliente après. Sinon ça ne marche pas. Pour moi, ce n'est pas possible d'être sincère et intègre si tu te dis : "J'ai besoin de bouffer donc je ne suis pas alignée à 100 % avec cette collaboration, mais je vais le faire quand même." Ça ne fonctionne pas[1]. »

Notre société est ainsi faite que nous avons tendance à oublier que l'information – qu'elle soit légère ou non – est un travail qui demande de l'investissement et du temps, et, comme tout travail, implique une rémunération. Pour l'exemple, lorsqu'un créateur ou une créatrice rédige un article

1. Entretien avec les autrices, juillet 2023.

de blog proposant une sélection de cadeaux de Noël, l'information est totalement gratuite. Pourtant, le contenu a nécessité beaucoup d'heures de recherche et de référencement. Il s'agit du même travail qu'effectue un journaliste dans le *Grazia* de novembre, sauf que le magazine est payant. Donc, le fait que le créateur soit rémunéré d'une quelconque manière ne devrait pas choquer. Il faut toutefois avoir conscience de ce que cette gratuité implique et c'est pour cette raison qu'il existe un cadre légal régissant l'influence commerciale.

Le public n'est pas aussi crédule que les médias le laissent parfois penser. Lorsque l'on analyse l'utilité déclarée des créatrices et créateurs pour leur communauté, ils sont 59 % à répondre qu'ils les suivent pour découvrir de nouveaux produits ou services. En revanche, ils ne sont que 24 % à les identifier comme source fiable au moment de réaliser leur achat[1]. Il est important de replacer l'esprit critique et le libre arbitre des audiences au centre du débat.

Les abonnés sont-ils tous des pigeons ? Résolument, non.

1. Étude Reech 2023.

Influenceurs et journalistes : une cohabitation difficile

(Clémence)

L'arrivée des influenceurs, d'abord des blogueuses puis des créateurs de contenu, a bouleversé l'univers de la presse, surtout celui des médias féminins. Une méfiance s'est d'emblée instaurée de la part des journalistes vis-à-vis de ces influenceurs qu'ils devaient côtoyer à certains événements, qui jusqu'alors étaient réservés à la presse. C'est notamment ce que raconte dans son roman *Féminin* l'ancienne journaliste mode de *Grazia*, Claire Touzard : « Quelques heures plus tard j'étais logée avec un groupe d'instagrameuses dans une immense villa. Ces célébrités des réseaux sociaux généraient des avis paradoxaux au sein de notre métier : on les méprisait, car elles incarnaient la fin du prestige de nos formats et du "vrai" journalisme, pourtant elles suscitaient une forme d'intérêt jaloux[1], décrit-elle dans son récit. [...] Je n'en voulais même pas aux influenceuses d'avoir volé notre métier, d'aspirer les derniers sédiments de notre lectorat : c'était une vengeance méritée[2]. » Avec l'émergence des réseaux sociaux et la

1. Claire Touzard, *Féminin*, Paris, Flammarion, 2022, p. 63.
2. *Ibid.*, p. 271.

défiance du public envers les médias, les influenceurs ont gagné des galons auprès des marques, au point d'être parfois privilégiés au détriment des journalistes.

Si Claire Touzard parle de « vol de métier », l'arrivée de ce secteur concurrentiel a surtout bouleversé les privilèges de la presse papier – les voyages et autres expériences incroyables vécues grâce aux marques ont été modifiés. Si l'investissement dans les médias a longtemps été la voie royale, aujourd'hui, on peut observer un déplacement du marché de la publicité des médias traditionnels vers les influenceurs. « Nous sommes dans une société de la défiance vis-à-vis des autorités traditionnelles. Et la publicité n'y échappe pas. Les influenceurs apparaissent, quant à eux, plus authentiques et moins pris dans des enjeux de pouvoir, de système[1] », analyse Rémy Oudghiri, sociologue et directeur de Sociovision.

Les budgets des marques alloués à faire vivre des moments uniques aux journalistes ont été répartis en prenant en compte les influenceurs mais aussi les journalistes de presse digitale. L'arrivée simultanée de ces nouvelles générations a bousculé les codes de la presse écrite féminine et a entraîné une

1. Entretien avec les autrices, novembre 2023.

certaine confusion entre les deux univers, tout du moins au début. « C'est vrai que nous partageons le même espace qu'est l'espace digital, raconte Mitia Bernetel, journaliste web spécialisée dans la mode. Les influenceurs sont arrivés dans un espace qui était le nôtre, celui de la presse. Il y a eu pas mal d'approximations et de mises en place qui ont duré des années. » Les agences presse ont mis un certain temps à s'adapter à ce nouveau marché : les personnes chargées de dialoguer avec les influenceurs étaient notamment les mêmes qui s'occupaient d'échanger avec les journalistes. « Cela a créé certaines situations inconfortables notamment en voyage de presse avec certains passe-droits pour des grosses influenceuses qui avaient droit à une interview avec la marque à nos dépens par exemple[1] », ajoute la journaliste.

De son côté, Émilie Brunette se souvient d'une cohabitation difficile au démarrage. « Lors d'un voyage de presse, j'étais la seule blogueuse présente. Lorsque les rédactrices en chef mode présentes à cet événement l'ont appris, elles ne m'ont plus adressé la parole. En 2011, invitée par une marque à un concert, j'ai surpris des journalistes descendre les blogueuses en insistant sur le fait qu'on ne servait à rien et qu'on n'y connaissait

1. *Ibid.*

rien, comme si elles avaient besoin d'asseoir leurs années de domination dans la presse[1]. »

Si cette frontière est parfois floue entre journalisme et influence, elle peut aussi prêter à confusion. En effet, certains influenceurs brouillent les pistes et s'improvisent donc journalistes. Pendant la dernière campagne présidentielle de 2022, l'agent d'influenceurs et des stars de la téléréalité Magali Berdah s'est par exemple glissé dans la peau d'une journaliste politique et a interviewé chaque candidat sur YouTube.

Pour les marques, même si la caution journalistique reste importante, les créateurs de contenu permettent un retour sur investissement immédiat. Les abonnés suivent plus les tendances des influenceurs que celles dictées par les journalistes. Pour autant, il ne devrait pas y avoir de confusion entre les deux métiers, bien distincts. Le journaliste se doit d'analyser et de mettre en perspective une information, même s'il s'agit d'un produit de beauté, là où l'influenceur va davantage parler de son ressenti et de son expérience. Il s'agit bel et bien de deux expertises différentes mais complémentaires. L'un ne devrait pas effacer l'autre.

1. Entretien avec les autrices, février 2023.

Y a-t-il des inégalités de genre dans l'influence ?

(Clémence et Émilie)

Les trois quarts des créateurs de contenu sont des femmes[1]. Les hommes sont donc sous-représentés dans cette industrie, ce qui leur confère par la force des choses un avantage certain sur leurs consœurs. Les cachets qu'ils négocient pour un partenariat peuvent être souvent jusqu'à 31 %[2] plus élevés que ceux des créatrices de contenu. Ce chiffre reflète la réalité de la société : selon l'Insee, dans le secteur privé, l'écart des salaires est de 24 %[3]. Comment expliquer une telle différence ?

Plus les sujets que les influenceurs traitent sont de niche, plus les marques sont prêtes à payer. C'est notamment le cas pour des campagnes dans le secteur de l'automobile ou de la haute technologie, où opèrent plus d'hommes que de femmes, et qui ont davantage de budget que la beauté ou la mode, sujets principalement traités par des femmes. La rémunération moyenne pour un partenariat est de 614 euros pour un homme et de 424 euros pour

1. Étude Reech 2021.
2. Chiffre Reech de 2020.
3. Étude de l'Insee de 2021, parue en mars 2023.

une femme. Le revenu annuel moyen d'un influenceur s'élève donc à 7 450 euros contre 3 450 euros pour son homologue féminin. Pour autant, elles sont plus présentes sur les différentes plateformes et sont plus sollicitées que les hommes. En effet, la part des partenariats rémunérés est plus importante pour les femmes (70 %) que pour les hommes (61 %).

Même si les femmes sont plus nombreuses que les hommes à exercer une activité d'influenceur sur les réseaux, les créateurs de contenu affichent en moyenne 107 K abonnés, là où les femmes ont une audience moyenne de 82 K abonnés. Selon la plateforme de marketing d'influence Klear, l'écart de rémunération se creuse davantage selon les plateformes : les youtubeurs gagneraient en moyenne 38 % de plus que leurs homologues féminins.

« La rareté des profils d'influenceurs masculins fait augmenter le coût contact. Si, comme dans beaucoup de secteurs, il peut exister des écarts de rémunération uniquement liés au genre, l'écart de rémunération influenceurs/influenceuses est davantage lié à la loi de l'offre et de la demande qu'à un facteur discriminant. Tous les acteurs du secteur doivent veiller au grain pour que cela demeure la seule explication[1] », commente Guillaume Doki-Thonon.

On l'a vu, les différences de genre se manifestent également au niveau des thématiques abordées par les créatrices : loisirs, tech, entrepreneuriat et culture pour les hommes quand les femmes parlent plus de mode, beauté, voyage, famille et food[2]. Est-ce parce qu'elles seraient moins intéressées par les sujets « sérieux » ou bien ne se sentent-elles pas légitimes et s'autocensurent-elles, se cantonnant à des thématiques qui peuvent être jugées plus futiles ? C'est ce que révèle notamment l'étude du Haut Conseil à l'égalité entre les femmes et les hommes (HCE) publiée le 7 novembre 2023[3]. L'enquête, intitulée « La femme invisible dans le numérique : le cercle vicieux du sexisme », note que sur Instagram, et bien qu'elles y soient plus nombreuses que les hommes, les femmes sont représentées le plus souvent à la maison : « Une surabondance de contenus personnels mettant en scène des familles et des couples idéalisés. » Le HCE note également que « les femmes sont ainsi présentées dans un rôle maternel et

1. Entretien avec les autrices, décembre 2023
2. Étude Reech 2024.
3. Haut Conseil à l'égalité entre les femmes et les hommes, « La femme invisible dans le numérique : le cercle vicieux du sexisme », Haut-conseil-egalite-gouv.fr, 7 novembre 2023.

sentimental, assimilées à des poupées. Leur apparence [...] est fortement mise en avant ».

Il semblerait donc que les réseaux sociaux n'échappent pas aux inégalités de genre qui se trouvent dans notre société. Si l'avènement des plateformes de *social media* pouvait laisser espérer une démocratisation de la prise de parole et une mise à distance de certains préjugés, notamment de genre, il n'en est malheureusement rien. Outre les inégalités salariales, la violence faite aux femmes en ligne est un fléau que les plateformes peinent à juguler. Ces dernières ont d'ailleurs bien saisi l'enjeu stratégique et certaines, à l'instar de YouTube avec *Elles font YouTube*, développent des programmes pour accompagner les créatrices. Il faut dire que la plateforme reine de la vidéo, lancée en février 2005 par d'anciens employés de PayPal, accueille une grande majorité d'abonnés masculins. Les créatrices y sont donc beaucoup moins nombreuses, représentant à peine 34 % des personnages présents dans les vidéos YouTube selon le HCE, et y font face à plus d'agressivité et de violence que sur d'autres supports. Les vidéos contenant des propos sexistes représentent 22 % du contenu visionné sur YouTube et 20 % sur TikTok. Sylvie Pierre-Brossolette explique que « le système numérique et les algorithmes font que tout s'accentue toujours et s'accélère de manière exponentielle. Le biais, c'est qu'au départ, il n'y avait quasiment que des créateurs hommes sur YouTube. Cela a fini par créer un monde complètement masculin, voire masculiniste[1] ».

Diffusé en 2021, le documentaire *Sale pute* des journalistes Florence Hainaut et Myriam Leroy dénonçait le cyberharcèlement que subissent beaucoup de créatrices, toutes plateformes confondues. Cette violence, malheureusement toujours d'actualité aujourd'hui, participe à une véritable « silenciation » des femmes sur les réseaux sociaux. Tout bouge, mais rien ne change, donc. Le constat est le même sur les médias traditionnels : elles représentent 36 % de temps de parole pour 43 % de présence à l'antenne (radio et TV)[2].

Les réseaux sociaux ont pourtant permis au phénomène #MeToo d'exister et de prendre de l'ampleur, à des comptes féministes de fleurir dans toutes les langues. On peut néanmoins se désespérer que l'innovation technologique ne soit pas synonyme d'amélioration de la place des femmes dans la société.

---

1. Cyrille Ardaud, « Sur les réseaux sociaux, les femmes sont reléguées au second plan, alerte une étude », France Inter, 7 novembre 2023.
2. « La femme invisible dans le numérique : le cercle vicieux du sexisme », art. cit.

C'EST QUOI, UN CONTENU ?

Comment le produit-on ?

(Émilie)

Un contenu est une production numérique postée sur un réseau social : vidéo, photo, podcast, article de blog, story, snap, etc. Il existe deux catégories de contenus : « organiques », ceux qui ne sont créés que dans le but de partager avec la communauté, et « sponsorisés », qui font l'objet d'une commande de marque – que l'on appelle dans le jargon de communicant un « annonceur ». Pour comprendre comment les créateurs de contenu collaborent avec les annonceurs, il faut avant toute chose connaître le fonctionnement d'une campagne média.

Casting

Lorsqu'un annonceur prend contact avec un créateur de contenu, c'est en général parce qu'il en apprécie le ton et la ligne éditoriale, mais également pour toucher une cible d'audience précise qui correspond à ses objectifs marketing, déclencher des ventes ou augmenter sa notoriété. La phase de casting (le choix des influenceurs mobilisés pour la campagne) est cruciale dans l'élaboration d'une campagne commerciale et nombre d'annonceurs font appel aux services d'une agence de communication dont l'expertise sera mise à son profit.

Prise de contact et négociation

Le casting effectué, l'agence ou l'annonceur contacte les créateurs de contenu sélectionnés pour leur proposer de participer à la campagne. Bon nombre d'influenceurs professionnels sont représentés aujourd'hui par un agent qui prendra la main sur les échanges et se chargera de faire l'intermédiaire entre les deux parties. Si le créateur de contenu est intéressé par la campagne et qu'il est convaincu par le produit ou pense que celui-ci pourrait susciter l'intérêt de sa communauté, l'agent s'occupera de négocier les différents paramètres de l'opération et d'établir le contrat.

Réflexion créative

Dans une troisième phase, l'influenceur reçoit de la part de la marque un brief, c'est-à-dire le cahier des charges de la campagne qui détaille la présentation du produit et les objectifs en termes marketing et de communication de sa future prise de parole. Sa compréhension des attentes du partenaire, alliée à sa capacité à créer un contenu qui colle à la fois à sa ligne éditoriale et aux désirs de sa communauté est un paramètre essentiel. Il lui faut mobiliser une très bonne connaissance de son audience, une veille des contenus similaires déjà produits mais également les tendances du moment sur le secteur (les *trends*), et un sens de la communication aiguisé. Certains ont suivi des études de communication mais il s'agit d'une minorité ; ils réalisent pourtant le même travail que le pôle créatif d'une agence de publicité.

Production de contenu

La quatrième phase du processus créatif est la production du contenu qui peut aller de l'écran de story à la vidéo YouTube d'une heure. Même les contenus en apparence les plus simples nécessitent du travail et de l'expérience : montage, cadrage, motion design, ingénierie du son, capacité littéraire, etc. Les plus créatifs peuvent même introduire des effets spéciaux, ce qui entraîne des dizaines d'heures de postproduction et de montage.

Publication

Une fois le contenu produit vient enfin sa publication sur une ou plusieurs plateformes. À ce stade, on pourrait penser que la mission a été remplie mais il n'en est rien. Le contenu suscite des réactions de la part de la communauté, que le créateur se doit de gérer : répondre aux commentaires sous la publication lorsqu'il s'agit d'un contenu permanent (vidéo, photo, article ou podcast), gérer les messages reçus en privé, qui peuvent être très nombreux. @Noholita (Camille Callen, @Noholita) déclarait recevoir énormément de messages privés sur Instagram et passer beaucoup de temps à y répondre[1].

Enfin, les jours suivant une publication, le créateur doit communiquer les statistiques à la marque afin que celle-ci puisse analyser les performances de la campagne.

Si les annonceurs investissent autant dans le marketing d'influence, c'est qu'il reste un levier de communication très puissant. À la question :

1. Camille Callen, *alias* @Noholita lors de son interview pour la chaîne YouTube et podcast *Génération Do It Yourself*, n° 329, Gdiy.fr.

« Pourquoi communiquer avec les créateurs de contenu ? », Marilou Bazoge (*global influence manager* chez Blissim[1]) répond : « Nous croyons à la force de l'influence qui nous permet de rassurer en ayant la caution du talent, d'incarner notre marque et d'avoir un message authentique[2]. »

L'influence, un milieu aux sujets variés

(Clémence et Émilie)

Aujourd'hui, il y a autant d'influenceurs que de contenus et le spectre de ces créateurs est devenu très large. Ils sont près de 150 000 en France[3], à s'adresser chaque jour ou presque à leur communauté. Mais que peuvent-ils bien raconter quotidiennement à toutes ces personnes qui les suivent ? Si certains distillent au gré des publications quelques bouts de leur vie privée et de leurs loisirs, pour certains, le cadre est plus professionnel. Bons plans, conseils, DIY ou encore découvertes de marques, les influenceurs partagent

1. Blissim est une box mensuelle de produits de beauté. Marilou Bazoge, dans le cadre de son travail, gère pour la marque les relations avec les créateurs de contenu.
2. Entretien écrit avec les autrices, décembre 2023.
3. Étude Reech 2024.

quotidiennement leurs coups de cœur avec leurs communautés.

Trois domaines traités par influenceur

En moyenne, un influenceur parle à sa communauté de trois sujets différents[1]. C'est par exemple le cas de Parisianavores. Sur son compte Instagram, Anaïs teste les troquets de la capitale, nous emmène en voyage et évoque le quotidien avec sa tribu composée de trois enfants. La cheffe Stéphanie Guillemette partage, elle, autant sa routine sportive et ses voyages que ses recettes healthy. Certains créateurs de contenu implantés depuis plus longtemps sur les réseaux sociaux ont évolué au fil des années. C'est le cas par exemple de Pauline Privez (@Paulineprivez), qui ne parlait que de mode au départ, et qui distille aujourd'hui sa touche colorée sur Instagram à travers ses looks, donc, mais aussi ses voyages ou encore la déco de son cocon parisien.

D'autres peuvent choisir de compartimenter leurs sujets grâce à plusieurs comptes Instagram. C'est le cas du célèbre Hugo Décrypte, qui compte près de 3 M d'abonnés sur Instagram. Si, au quotidien, il décortique et analyse l'actualité, l'influenceur a

1. Étude Reech 2021.

lancé deux autres comptes Instagram pour diversifier ses propos : HugoDécrypte-Pop pour évoquer la culture et HugoDécrypte-Sport pour traiter, comme son nom l'indique, de sport. La variété des sujets se fait en revanche plus rare dès que l'on commence à suivre un influenceur engagé qui a tendance à rester dans son domaine d'activisme, à l'instar de Fiona Schmidt, journaliste, écrivaine et féministe, ou Victoire Tuaillon, journaliste, féministe et podcasteuse de *Le Cœur sur la table* et *Les Couilles sur la table*.

Beauté et mode au top des sujets

Les sujets traités dépendent essentiellement du genre. En la matière, les réseaux sociaux font montre d'une différence très marquée entre hommes (personnes s'identifiant comme hommes) et femmes (personnes s'identifiant comme femmes). Ces dernières, qui sont aujourd'hui les plus nombreuses, toutes plateformes confondues (78 % des créateurs sont des créatrices), traitent à 95 % de lifestyle quand leurs homologues masculins parlent en majorité de loisirs (68 %)[1]. Les hommes s'amusent quand les femmes sont ancrées dans les considérations matérielles, *vous avez dit cliché...*

1. Étude Reech 2024.

Dans cette catégorie fourre-tout qu'est le lifestyle, on retrouve à 37 % la mode, 38 % la beauté, 29 % le voyage et 32 % l'alimentation et recettes (la food)[1]. 41 % des créateurs de contenu parlent à leurs communautés de loisirs : cela représente 16 % pour l'art et la création, 14 % pour le sport, ou encore 7 % pour les sujets high-tech. Enfin, 10 % des créateurs de contenu évoquent la culture, avec, en top, la culture générale. Ils sont également 5 % à faire part de leur engagement auprès de leurs abonnés – en tête des sujets de prédilection : l'écologie, le respect et la protection de l'environnement[2].

Pour un créateur, le choix de la ou des thématiques entrant dans sa ligne éditoriale, au-delà de son appétence naturelle pour le sujet, constitue une orientation stratégique forte qui impactera ses revenus. Aborder plusieurs sujets permet de séduire un panel plus large d'audience et d'annonceurs, mais implique une rude concurrence : nombreux sont en effet les influenceurs qui font ce choix, ce qui réduit les tarifs. De la même manière, se placer dans une catégorie de niche diminue le nombre de partenaires potentiels mais tire les budgets vers le haut.

1. Étude Reech 2021.
2. *Ibid.*

Du côté des internautes, qui passent quotidiennement près de deux heures en moyenne à scroller sur les réseaux sociaux[1], les profils des créateurs de contenu qu'ils suivent sont très variés et diffèrent des domaines de prédilection traités par les influenceurs. Toutes plateformes confondues, les consommateurs privilégient la food (48 %), suivie de près par l'humour (47 %), la beauté et la cosmétique (45 %), le voyage (41 %), la mode (40 %)[15].

Les thématiques et comptes que nous suivons aujourd'hui nous définissent et permettent aux algorithmes des réseaux sociaux de nous classifier de manière à nous proposer toujours plus de contenu et d'offres marketing. Cette carte d'identité 2.0. nous colle à la peau et l'on comprend tout l'enjeu stratégique pour ces plateformes d'analyser ce qui nous touche, nous fait réagir et nous passionne.

1. Étude Reech 2023.

Deuxième partie

LA VIE « IRL » D'UN INFLUENCEUR

INFLUENCEUR, UN MÉTIER QUI FAIT RÊVER (À JUSTE TITRE !)

Les voyages

(Émilie)

Dans l'imaginaire collectif, l'influenceur est souvent associé aux voyages incroyables, aux hôtels de luxe et aux expériences hors du commun. L'univers du tourisme est en effet un secteur qui a été l'un des premiers à bénéficier du boom des réseaux sociaux et des créateurs de contenu.

Certaines expériences sont inaccessibles pour le commun des mortels. Comme l'explique Émilie Daudin, *alias* @Emiliebrunette, entrepreneure, autrice et créatrice de contenu depuis 2007 : « Le voyage le plus dingue de ma vie, c'était un safari en Tanzanie. C'est incroyable de se dire que j'ai vécu ça dans ma vie parce que c'est un voyage qui coûte des milliers d'euros, que j'aimerais faire un jour avec mes enfants[1]. »

Même si les voyages de presse ont encore la cote et envoient journalistes et influenceurs à l'autre bout du monde pour une poignée de jours, parfois même vers des destinations où les droits de l'homme sont une vague notion, l'une des tendances est aujourd'hui au slow travel : les voyages écologiques ou à moindre impact. Van trip, vélo, randonnées, ils nous montrent une nouvelle façon de voyager et ont un effet considérable sur l'éducation des mentalités.

Mais comment peut-on vivre du voyage ? Très fréquemment, les créateurs publient du contenu en échange de la gratuité. Il peut s'agir d'un accord tacite entre les deux parties ou bien contractualisé, stipulant ainsi les obligations de chacun. Néanmoins, pour les top influenceurs, ce type de prestation est rémunéré et le coût du voyage ne leur est pas imputé car il est considéré comme nécessaire à la réalisation de la prestation. S'il peut sembler fou d'être payé pour découvrir l'île Maurice et ses plages paradisiaques, c'est pourtant le travail de certains, au même titre que les inspecteurs du *Guide Michelin* sont rémunérés pour manger dans les meilleurs restaurants de la planète. L'opération reste très rentable pour les établissements ou offices

1. Entretien avec les autrices, février 2023.

du tourisme, un créateur de contenu pouvant générer un afflux de commandes et de réservations important.

Si l'expérience est plaisante et enrichissante, elle n'en reste pas moins un travail. Dans le cas d'un voyage de presse, les créateurs ou journalistes voyagent seuls, sans leur famille ou amis, mais avec des collègues. *A contrario* d'un voyage personnel, leur planning impose un *tempo* intense et les moments collectifs impliquent les mêmes contraintes que les discussions autour de la machine à café. Sur place, il faut créer ce fameux contenu et les shootings s'enchaînent. Photo, vidéo, article sont attendus par le client qui demandera en général à valider avant mise en ligne.

La simple géolocalisation sur les contenus peut rapporter beaucoup aux établissements, car les plateformes, Instagram en tête, sont devenues des moteurs de recherche pour le secteur du tourisme. Selon une étude menée par Next Content[1] pour Expedia en 2018, 48 % des Français interrogés, âgés entre 18 et 24 ans, affirment être souvent influencés dans leur choix de destination par les contenus partagés sur les réseaux sociaux.

Certaines destinations sont devenues en vogue en l'espace d'un été, faisant la joie des hôteliers et

1. « Les Français connectés en vacances », Next-content.com.

restaurateurs de la région. Certains en revanche s'en plaignent, notamment les riverains, car cet afflux soudain entraîne parfois des nuisances, des désastres écologiques ou une aggravation des inégalités sociales. Il existe 460 000 photos sur Instagram pour le plateau de Valensol et ses célèbres champs de lavande régulièrement piétinés par les touristes en quête d'une photo instagramable.

La thématique du voyage est l'une des plus répandues lorsque l'on parle de contenus digitaux. Beaucoup d'entre nous mettent en avant leurs propres voyages et destinations avec, il faut bien l'avouer, une large propension à enjoliver la réalité. Après le food porn, on parle même de travel porn, phénomène aux 2,3 M de hashtags sur Instagram, qui caractérise cette course au contenu voyage le plus grandiose possible, quitte à retoucher les images ou à se mettre en danger. Faire rêver à tout prix, telle est la nouvelle contrainte de notre société. Après tout, « il ne pleut jamais sur Instagram ».

Libéré, délivré ! Les créateurs et la liberté de création

(Émilie)

L'un des avantages les plus significatifs de ce métier est l'infinie liberté. Il s'agit de la magie des réseaux sociaux. Être à la tête de son propre média décloisonne les barrières qui, jusque-là, étaient la norme.

À l'instar de tout entrepreneur, l'influenceur bénéficie d'une grande liberté de création. Le numérique puis, plus récemment, le Covid ont participé à la révolution des modes de travail. Le free-lancing et l'entreprenariat ont connu un bond considérable ces dix dernières années. La créativité est devenue, en l'espace d'une génération, une compétence survalorisée. Tout le monde peut aujourd'hui se lancer dans le tricot, ouvrir une boutique sur Etsy ou publier son propre site, faire des vidéos TikTok ou Instagram et devenir influenceur. Les moyens de création sont démultipliés, et une forme de démocratisation de la connaissance et du savoir s'est concrétisée, notamment grâce au médium des réseaux sociaux.

La création de contenu s'inscrit dans cette dynamique, à ceci près que pour les créateurs professionnels (ne vivant que de leurs revenus liés à la production de contenu), il est beaucoup plus simple d'explorer de nouveaux horizons. La puissance que leur procure leur communauté, alliée à leur fort taux de rentabilité (temps passé/rémunération), leur offre une grande latitude pour lancer de nouveaux business ou innover. Comme le dit Théodore Bonnet (créateur de contenu et réalisateur des vidéos de @Squeezie) lors de l'interview très médiatique de @Squeezie par Hugo Décrypte : « On a la chance folle sur Internet de pouvoir avoir une idée, et qu'un mois et demi après, elle existe. Le décor est construit et il y a les caméras. »

Il est fréquent désormais qu'un créateur lance une activité complémentaire ou parallèle à ses réseaux. À l'instar de Caroline Receveur, Marie Lopez (@Enjoyphoenix), Maxime Chabroud (@Amixem) ou Léna Mahfouf (@Lénasituations), ils sont nombreux à entreprendre dans le prêt-à-porter, la communication, la distribution, la restauration, le sport, le coaching, etc. Ils utilisent leur notoriété et leur audience pour créer et promouvoir leur propre entreprise, ce qui représente un avantage significatif, leur public pouvant servir de clientèle potentielle, mais également contribuer à la visibilité de la nouvelle entreprise. Cependant, avoir une grosse communauté n'est pas suffisant : le succès commercial dépendra de la qualité du produit ou du service proposé, de la stratégie marketing, de la gestion financière et d'autres facteurs clés.

Certains acteurs ont su reconnaître ce potentiel et ont développé des offres pour accompagner les influenceurs dans leur business. Sur le secteur du prêt-à-porter ou de la cosmétique notamment, certaines entreprises se sont spécialisées dans la fabrication de marques d'influenceurs. Ces façonniers sont chargés de la production, de l'emballage, de la distribution, du SAV, de la livraison quand le créateur, lui, est impliqué dans la création, la direction artistique et, bien entendu, la communication. Certains créateurs ont défrayé la chronique avec leur aventure entrepreneuriale, telle l'influenceuse @Belledelphine, qui monétisait l'eau de son bain ; même si on peut admirer son audace, le fait divers n'en reste pas moins surprenant[1].

Même si l'entrepreneuriat est facilité, les influenceurs ne sont pas exemptés de travail et de sérieux, comme l'explique Megan Villiot (@Meganvlt), entrepreneure et créatrice de contenu : « Être son propre patron, ça n'a pas de prix. La liberté entrepreneuriale, c'est génial. Moduler son emploi du temps, rencontrer plein de gens différents, de tous milieux. On vit des expériences incroyables, mais c'est vrai qu'on coupe peu. On travaille beaucoup. Heureusement, c'est un métier passion, sinon on ne tient pas le rythme. Tu les sens pas vraiment passer, les 70 heures, dans la semaine[2]. »

Ceux qui ont construit des empires, tels Jeanne Damas avec Rouje ou @Squeezie, allient une

1. Simon Offen, « Belle Delphine, l'influenceuse qui adore troller ses followers », Business.ladn.eu, 5 juillet 2019.
2. Entretien avec les autrices, septembre 2023.

vision, des réseaux, un bon entourage et une détermination sans faille.

L'innovation entrepreneuriale est plus accessible sur Internet. Lorsque, pour n'importe quel entrepreneur, une mauvaise idée ou une gestion hasardeuse est immédiatement sanctionnée par les résultats, un créateur part avec une avance certaine sur ses concurrents directs car les audiences sont un levier de croissance très puissant.

Le pouvoir que procure la communauté

(Émilie)

On a tous en tête la vidéo aux 19 M de vues de @McFly et Carlito avec Emmanuel Macron, ou plus récemment l'interview du même président par Hugo Décrypte, en passant par la série de vidéos haute en couleur de Magali Berdah sur les candidats à l'élection présidentielle.

Avoir l'oreille des grandes instances et des grandes marques est un privilège que les créateurs sont amenés à exercer de plus en plus fréquemment. Avoir une voix qui porte plus fort que les autres permet de se sentir impactant, utile (ou nuisible le cas échéant), puissant. Beaucoup de talents et d'agents ont été contactés pendant le confinement par le gouvernement pour prendre la parole et sensibiliser les jeunes sur la santé mentale, les risques de dépression ou le port du masque. Même si de nombreux créateurs restent en dehors de ce type de prise de parole, jugé trop politisé et impliquant un risque réputationnel non négligeable, le fait que les plus hautes instances les courtisent dit beaucoup de notre société, d'une redistribution des forces en jeu.

Mais le « pouvoir » de ces créateurs ne touche bien entendu pas que nos politiques. Il touche les marques aussi. Un créateur de contenu, à la suite d'un problème de SAV, obtiendra davantage gain de cause auprès d'une enseigne s'il utilise son compte Twitter ou Instagram pour se plaindre. La menace du bad buzz est très dissuasive, d'autant plus lorsque l'on connaît les sommes investies pour construire la notoriété d'une marque sur les réseaux sociaux.

Cas d'école : une célèbre créatrice s'est plainte sur ses réseaux de son conseiller bancaire, qui n'aurait pas pris en considération la totalité de ses revenus par méconnaissance ou mépris de son métier et lui aurait refusé un prêt qu'un autre travailleur indépendant aurait obtenu dans la même situation.

La fameuse banque a tout tenté pour rétablir le contact mais le mal était fait et l'impact sur sa notoriété est resté considérable.

Élisa Gallois, *alias* @etdieucrea, créatrice de contenu sur Instagram, explique très bien les opportunités qu'une importante communauté permet de déclencher : « La notoriété fait que tu as une vraie facilité par rapport à d'autres. J'ai voulu écrire un livre pour enfants, j'ai pu l'écrire sans que ça pose problème alors que je sais qu'il y a d'autres auteurs qui ont galéré pendant trois ans pour trouver un éditeur. Il faut le dire, les portes s'ouvrent plus facilement quel que soit le domaine. Il y a une facilité à faire les choses que je n'aurais jamais eue autrement[1]. »

Les créateurs ont également la chance de pouvoir apporter une aide à une cause au travers des campagnes de sensibilisation ou de collectes de fonds. Faire avancer une cause sociale ou environnementale n'a pas de prix et peut en faire rêver plus d'un. C'est l'une des dimensions qui donnent le plus de sens à ce métier. Émilie Daudin (@Thebrunette), lorsqu'elle apprend qu'elle est atteinte d'un cancer du sein, se dit : « Pour moi, c'était un peu de l'ordre du "militantisme", c'est bien sûr entre guillemets,

1. Entretien avec les autrices, août 2023.

parce que c'était aussi de la formation. Je voulais en faire quelque chose d'important, c'est-à-dire de la prévention[1]. » En partageant la découverte de sa maladie et son quotidien en chimiothérapie, Émilie a amené plus de 5 K abonnées à consulter un médecin et à se faire dépister. Certaines ont découvert des formes précoces de la maladie. Ainsi, les créateurs ont le pouvoir de mobiliser les foules autour d'enjeux qui leur tiennent à cœur et cet impact peut donner du sens à certaines épreuves de la vie.

On peut aussi citer Anissa (@6nissa), une créatrice TikTok et Instagram, qui a lancé le mouvement #MeTooAnimation afin de dénoncer les violences sexuelles dans le secteur des colonies de vacances.

Évidemment, tous les influenceurs ne sont pas animés par un esprit philanthropique, loin de là, et certains véhiculent même des idées politiques pour le moins controversées.

Les créateurs de contenu sont finalement représentatifs des espérances, aspirations et clivages de notre société. Ils ne sont pas des faiseurs de rois, mais ils peuvent significativement impacter leur audience et reconnecter les jeunes à l'engagement politique ou caritatif.

1. Entretien avec les autrices, février 2023.

ÊTRE INFLUENCEUR : LE DIFFICILE ÉQUILIBRE ENTRE VIE PRO ET VIE PERSO

Une vie si parfaite ? Instagram *versus* la réalité

(Clémence)

L'accent est mis par l'application sur des jolies photos embellies au gré des filtres et sur des influenceurs à la vie parfaite : mais quelle est la part de réel dans ces 100 millions d'images et vidéos partagées chaque jour et qui semblent livrer la meilleure partie de soi et de son quotidien ? Posts, selfies, stories, il est devenu normal de dévoiler sa vie et de faire rêver ses abonnés. « C'est normal de vouloir montrer du beau. Par le passé, j'ai enjolivé les posts et les mises en scène. Mais quand j'ai été malade, j'ai dévoilé le quotidien d'une femme sous chimio. Je me suis montrée sans maquillage, sans cheveux, sans sourcils. Je me mets aujourd'hui beaucoup moins de pression qu'avant et je ne suis plus dans le paraître. Parfois quand je vois des posts passer ou des vidéos, je me sens à mille lieues de tout ça : être toujours sur son trente-et-un, au taquet de la mode ou des soirées où il faut se montrer[1] », raconte @Emiliebrunette sur Instagram.

Quelques années après le lancement du réseau social, un hashtag a vu le jour : « InstagramVSreality ». L'objectif ? Dénoncer les photos ultra-parfaites de la plateforme, qui allaient à l'encontre de son but lors de sa création, à savoir des photos prises sur le vif, capturant des moments instantanés, comme son nom l'indique. Très vite, les influenceurs se sont approprié ce hashtag. D'abord, certains coachs sportifs, puis des maquilleurs, pour dénoncer cette perfection calculée. Aujourd'hui, le hashtag est devenu viral, avec plus de 400 000 mentions. « Il y a toujours une dualité entre image publique et privée. Quand je poste, j'ai envie de montrer le meilleur de moi-même. On s'éloigne parfois de la réalité, mais j'essaie de rester fidèle à qui je suis[2] », relate Zoé Bassetto (@Zoebassetto), l'une des pionnières dans le milieu, d'abord blogueuse en 2007 puis créatrice de contenu à temps plein depuis 2013.

1. Entretien avec les autrices, février 2023.
2. Entretien avec les autrices, août 2023.

Les dérives d'Instagram et son exigence du beau peuvent être néfastes pour les influenceurs. La plateforme et son format de posts photo ont instauré un esthétisme parfois poussé à l'extrême, cette envie de se montrer sous son meilleur jour à sa communauté. « Très rapidement, l'influenceur doit mettre en scène un moi idéalisé, surtout sur Instagram. Quand il déçoit, les commentaires ont un impact très fort. Ce que l'on touche, ce n'est pas forcément ce qu'il produit mais ce qu'il est », explique Michaël Stora[1], psychologue et psychanalyste, expert des mondes numériques.

S'exposer sur les réseaux sociaux, dévoiler même une petite partie de soi n'est pas anodin. Cela permet, comme dans beaucoup de métiers liés à l'image, de combler des fragilités narcissiques, ainsi que l'explique le psychologue : « On se sent exister dans le regard de l'autre : si la chose existe dans le téléphone mais si elle n'est pas postée, c'est comme si elle n'existait pas. Il y a un enjeu existentiel qui va au-delà d'un enjeu d'apparence. L'apparence et l'existence ont totalement fusionné. C'est un enjeu narcissique qui peut être positif. Plus on poste, plus on vient trahir peut-être quelque chose d'une fragilité[2]. »

1. Entretien avec les autrices, septembre 2023.
2. Auteur de *Réseaux (a)sociaux*, Paris, Larousse, 2021.

Il est difficile pour certains créateurs de contenu de faire la part des choses. Les abonnés veulent-ils rêver ou voir du « vrai » ? « Je n'ai jamais enjolivé mon quotidien car je suis quelqu'un de positif et je n'aime pas me plaindre. Je me suis rendu compte que quand je suis centrée sur des choses simples de la vie quotidienne, dans toutes ses aspérités, ça parle aux gens : quand je montre mon bordel, quand je dis que c'est dur de garder ses enfants un mois l'été, même si c'est génial. Je continue à adopter un prisme positif et optimiste, mais je ne m'interdis pas de me reconnecter à la réalité[1] », raconte @Deedeeparis sur Instagram, créatrice de contenu éthique et engagé.

Cette double injonction de l'authenticité et de faire rêver pèse sur les influenceurs de manière quasi intenable. Nous-mêmes, simples quidams, sommes-nous toujours authentiques dans nos relations de travail ou bien dans la sphère privée ? Nous cachons nos désirs, nos failles ou nos doutes pour ne présenter au monde que la version la plus reluisante de notre personnalité ou de notre physique. Il est finalement très authentique de ne pas l'être…

1. Entretien avec les autrices, septembre 2023.

L'impossible déconnexion

(Clémence)

Si seulement 7 % de la population n'a ni smartphone ni Internet à son domicile[1], ceux qui ont un accès Internet passent en moyenne 2 h 18[2] en ligne, dont plus d'un tiers sur les réseaux sociaux. Pour les Français, il est difficile de « se débrancher » des plateformes, mais qu'en est-il pour les créateurs de contenu qui ont choisi d'en faire leur métier ? Comment déconnecter des plateformes quand on reçoit des centaines de messages privés par jour, qu'on doit constamment poster pour rester visible sur les réseaux sociaux et ne pas se faire pénaliser par l'algorithme ? Comment ne pas être happé par le travail, ne pas se laisser tenter de consulter ses comptes sur les réseaux sociaux dès que l'on a cinq minutes puisqu'il ne suffit que de sortir son téléphone de sa poche ?

Certains influenceurs prônent désormais la déconnexion, ou le besoin de couper quelques semaines comme les salariés prenant des vacances, mais rares sont ceux qui s'octroient

1. « L'usage des technologies de l'information et de la communication par les ménages entre 2009 et 2021 », Insee.fr.
2. https://www.mediametrie.fr/fr/lannee-internet-2022.

réellement cette permission tant la dépendance aux plateformes est importante. Faire une pause pourrait avoir un impact sur les performances des publications. Peur d'être oublié, dépassé, de perdre des abonnés ou que l'algorithme pénalise les absents (ce dont les plateformes se défendent), comme Axel (@Axelenvrai) : « Effectivement, on a une forme de pression à publier. C'est angoissant. Il faut enchaîner, parce qu'on est nombreux, parce que c'est hyper-concurrentiel. Parce que plus de vues, c'est plus de collab, donc plus d'argent. Certains ne vivent que de ça, et difficilement[1]. »

Le modèle économique lié aux plateformes peut donc se révéler un piège et créer une dépendance. Si on perd en visibilité, on perd aussi éventuellement en revenus, car c'est sur le taux d'engagement que se fondent souvent les marques pour rémunérer les influenceurs. « C'est un métier que j'adore mais qui peut prendre beaucoup de place, raconte @Emiliebrunette, même si, contrairement à certains, je ne bosse pas H24, parce que j'ai décidé que ce n'était pas sain pour moi. Je ne bosse pas le week-end ni le soir quand mes enfants sont là[2]. »

1. Entretien avec les autrices, septembre 2023.
2. Entretien avec les autrices, février 2023.

Certains influenceurs tentent aussi de faire une pause estivale, comme l'a décrit à l'été 2023 @Deedeeparis : « J'adore ce qu'on construit ensemble ici, les échanges, les partages, les confidences, parfois, en MP. Mais la réalité c'est que c'est aussi quatre à cinq heures chaque jour pour tenter de répondre à tout le monde. Aussi précieux que ces échanges soient, j'ai besoin de me ressourcer pour mieux vous retrouver. Alors voilà, je vais couper, quelques jours ou quelques semaines, je ne sais pas encore, le temps de recharger les batteries à grands coups de minus, de soleil du Sud, de maison qui devient chaque jour plus confortable, d'amis qui vont et qui viennent autour, qui d'un apéro, qui d'un déj au débotté[1]. »

Les influenceurs passent donc une bonne partie de leur journée de travail sur les réseaux sociaux. La frontière est floue, parfois peut-être même inexistante entre la vie privée et la vie professionnelle : être influenceur demande par ailleurs une ultra-disponibilité auprès de sa communauté avec par moments une sursollicitation. « Ce n'est pas toujours facile, confie @Emiliebrunette. Parfois, les gens attendent vraiment une réponse à leur message et peuvent être virulents parce que tu

1. www.instagram.com/p/Cvr1C6vIFUb/?utm_source=ig_web_copy_link&igshid=MzRlODBiNWFlZA==.

ne réponds pas. C'est comme un dû. Mais j'ai une bonne communauté qui n'abuse pas et qui est consciente aussi que j'ai une vie. J'essaie de répondre à un maximum de messages, mais c'est très compliqué de répondre à tout le monde[1]. »

Ce constat est partagé par Zoé Bassetto (@Zoebassetto). La créatrice de contenu passe en moyenne trois heures par jour sur Instagram, sept jours sur sept. Si la trentenaire avoue avoir trouvé un équilibre entre « se dévoiler tout en restant fidèle à qui l'on est et ce qu'on veut montrer », elle culpabilise en revanche dès qu'elle poste moins : « Je passe beaucoup trop de temps sur Instagram, au moins trois heures par jour, à la fois pour mon travail, mais aussi en tant que consommatrice. Il n'y a pas vraiment de jour off. Je reçois entre trente et cent messages par jour, tout dépend des sujets que j'ai évoqués, auxquels il faut répondre, ce que j'adore. Mais c'est le gros point négatif de cette activité : c'est super difficile de couper[2]. »

Pour Megan Villiot (@Meganvlt), la plus grande source de stress vient d'elle-même, et c'est le propre sans doute de tout entrepreneur : « La seule pression que l'on a, parce qu'on est notre propre patron, c'est

1. Entretien avec les autrices, février 2023.
2. Entretien avec les autrices, septembre 2023.

nous-même. On peut s'infliger une pression énorme. Avec le temps, j'arrive à prendre du recul. Maintenant, je m'octroie un peu plus de temps libre. Si je ne poste pas pendant trois ou quatre jours, ce n'est pas grave. Il y a encore quelques années, c'était impossible, je publiais matin et soir, deux fois par jour[1]. »

Cette impossible déconnexion peut peser dans le quotidien, le fait de se sentir sollicité en permanence et parfois à n'importe quelle heure. Si la société est ultra-connectée, ce phénomène est décuplé chez les créateurs de contenu qui ont décidé d'en faire leur métier.

Les situations ubuesques

(Clémence)

Quand on s'expose sur les réseaux sociaux, il faut forcément s'attendre à être reconnu dans la rue, dans le métro, à la boulangerie ou encore chez son esthéticienne… Cette relative célébrité peut parfois déranger, bousculer le quotidien ou empiéter sur un événement privé.

Pauline Privez (@Paulineprivez), créatrice de contenu lifestyle, a vécu une situation un peu

1. *Ibid.*

cocasse lors d'un heureux événement. « Le jour de mon mariage, le 31 août 2013, dans une petite station balnéaire de Basse-Normandie, entre la villa qu'on avait louée pour la soirée laïque et le restaurant, j'ai croisé une lectrice. J'étais en robe de mariée avec mon mari, on sortait tout juste de la cérémonie laïque, on allait rejoindre nos invités qui étaient au vin d'honneur[1]. »

@Emiliebrunette ne s'attendait pas à être reconnue en accouchant de son premier enfant. Cette situation, bien des années plus tard, la met toujours mal à l'aise. « Dix jours après avoir accouché de mon premier enfant, je reçois sur Instagram un message privé de la part d'une jeune femme qui me précise qu'elle est infirmière. Elle m'envoie une photo de mon heure d'arrivée en salle de réveil. Je ne savais pas qui elle était, il se trouve qu'elle était aussi influenceuse. Ce qui m'a fait bizarre, c'est que l'heure de la photo était une heure où j'étais endormie. Je pense qu'elle aurait pu me le dire sans m'envoyer la photo », commente la créatrice de contenu. Cette grossesse avait de plus été révélée involontairement par une abonnée alors qu'Émilie ne comptait pas encore partager la nouvelle avec sa communauté. Cette « célébrité » peut parfois s'avérer plutôt contraignante. « Lors de

1. Entretien avec les autrices, septembre 2023.

ma première grossesse, j'étais chez la sage-femme. Je ne l'avais pas encore annoncée à mes abonnés et une lectrice a commenté un post en dévoilant qu'elle m'avait aperçue dans tel bâtiment de l'hôpital Trousseau, à Paris. Elle n'avait pas compris que ce bâtiment était celui de la maternité[1]. »

Ces situations peuvent prêter à confusion parfois car, contrairement à des célébrités comme des acteurs ou des chanteurs, les influenceurs ne s'attendent pas forcément à être reconnus. C'est le cas de @Deedeeparis qui a failli mal interpréter le regard insistant d'une passagère dans le métro : « À l'époque, je prends le métro à Paris et une fille me fixe. J'ai horreur qu'on me fixe, justement : je soutiens son regard de manière sans doute pas très aimable, sans me dire une seule seconde que c'est une abonnée et qu'elle m'a reconnue. Elle finit par m'aborder, intimidée : "Deedee ?" Là, j'ai envie de dire non, mais je ne peux pas lui mentir, donc je réponds oui, et elle se met à pleurer en me disant : "J'aime trop ce que tu fais." C'était certes hyper-gentil, mais je ne suis quand même pas Beyoncé. J'ai désamorcé la situation en la remerciant et en l'encourageant à se lancer si elle aimait les blogs. Cette rencontre m'a fait beaucoup réfléchir et je me suis dit que, vraiment, je n'aimerais pas être

1. Entretien avec les autrices, février 2023.

connue comme une star de cinéma[1] ! » Si certains peuvent être gênés par cette notoriété, d'autres ne sont pas dérangés à l'idée d'être reconnus, comme le raconte Élisa de « Et Dieu créa » : « J'ai l'habitude qu'on me reconnaisse quasiment partout, j'habite dans une toute petite ville. Je n'ai pas d'anonymat quand je sors, donc ce ne sont plus des situations cocasses car cela fait partie de mes habitudes. J'ai en revanche vécu des situations cocasses concernant mon pseudo, “Et Dieu créa”, qui a interpellé pas mal de gens. Par exemple, il y a quelques années, Radio chrétienne m'a contactée, enchantée par mon profil, pensant qu'avec mes trois enfants et leur style à l'époque assez classique, je transmettais des valeurs semblables aux leurs[2] », dévoile avec amusement la créatrice de contenu.

Pour Megan (@Meganvlt), ce type de scène est assez fréquent : « Dans un spa, une masseuse m'a dit qu'elle voudrait une photo avec moi pour sa sœur, mais j'étais en culotte et seins nus. Je n'ai pas osé dire non et j'ai posé en cachant ma poitrine du mieux que j'ai pu avec un carré de serviette[3]. »

1. Entretien avec les autrices, septembre 2023.
2. Entretien avec les autrices, août 2023.
3. Entretien avec les autrices, septembre 2023.

De telles situations sont compliquées à appréhender pour certains : comment se dire qu'à travers un écran, à travers des chiffres sur le compte d'une plateforme, on se révèle finalement connu, surtout quand on n'a pas 1 M d'abonnés à son compteur ? Pour les créateurs de contenu, l'interaction avec leur communauté dans la vraie vie est souvent un plaisir. Pour Megan, ses abonnées sont des proches : « J'échange avec elles comme si elles étaient mes copines, pourtant je ne les connais pas. Je leur raconte des choses qui peuvent parfois être assez personnelles, et elles se confient à moi comme si j'étais leur amie. Il y a vraiment une relation de confiance[1]. »

Le caractère gênant de ce type de situation tient sans doute à la nature parasociale de la relation. C'est ce que relate @Squeezie dans son documentaire *Squeezie. Merci Internet*[2]. Il y explique être animé par l'idée de rencontrer les gens qui le suivent sur les réseaux sociaux, mais il peut se sentir oppressé quand ces interactions interviennent lors de moments privés. Beaucoup d'aspirants créateurs ne mesurent pas toujours la portée de cette notoriété sur leur vie quotidienne, car l'influence ne s'arrête pas à l'écran du téléphone.

1. *Ibid.*
2. Série citée.

La place des conjoints

(Clémence)

Si beaucoup d'influenceurs décident de ne pas partager leur vie privée sur les réseaux sociaux, ce n'est pas le cas de tous. Nombreux sont ceux qui décident de mettre en scène leur famille ou leur conjoint au fil de leurs stories et autres publications. « L'idée de préserver des espaces à soi complètement en dehors des réseaux sociaux permet de se dire que c'est un jeu auquel on joue », analyse Michaël Stora. Dès lors que l'on mêle son intimité à ce travail qui manque de cadre, le partenaire est susceptible de ressentir une certaine confusion. « Le conjoint peut se retrouver spectateur de cette mise en scène et être très troublé, probablement parce que ce qu'on attend dans un couple, c'est une forme d'authenticité. Il peut même éprouver de la jalousie en voyant que l'autre montre des choses d'elle qu'elle ne lui montre peut-être pas à lui. Ce n'est sans doute pas évident pour le partenaire[1] », décrypte-t-il encore. Comment se positionner dans cet univers lorsqu'on ne lui appartient pas ? Comment gérer le quotidien avec un conjoint qui partage une part de son quotidien sur les réseaux sociaux ?

1. Entretien avec les autrices, août 2023.

Certains conjoints peuvent être mal à l'aise face à la profession de leur partenaire. Une vie exposée, même si les moments partagés sont parfois minutieusement choisis, peut devenir un poids. « C'est très compliqué pour lui. Toute sa famille, tous ses amis me suivent. Il a l'impression que plus personne ne lui demande, par exemple, comment étaient ses vacances ni ne lui envoie de SMS pour savoir comment il va parce que, comme son entourage me suit, chacun a la sensation de savoir comment ça va alors que ce que je poste ne montre pas tout notre quotidien. C'est quelque chose qu'il vit hyper-mal, raconte @Emiliebrunette. Il n'est pas jaloux, il ne va jamais me faire de réflexion sur mes abonnés hommes, ni sur mes contenus un peu sexy. Une seule fois, il s'est permis de me faire une remarque concernant un post sur lequel je portais de la lingerie un peu transparente. Ça l'a dérangé, ce que je peux comprendre[1]. »

D'autres refusent d'apparaître sur les plateformes de leurs compagnes. C'est le cas du conjoint de @Deedeeparis : « Un jour, j'ai posté une photo de mon mariage, la seule sur laquelle on voyait mon conjoint. J'ai reçu beaucoup de messages positifs mais, justement, il y en avait beaucoup. À partir de là, je me suis dit que je n'avais pas

1. Entretien avec les autrices, février 2023.

envie de livrer mon intimité sur les réseaux. Mon mec tient à “sa virginité d’Internet” et c’est lui, au départ, qui a attiré mon attention là-dessus : “Tu m’as demandé, à moi, si j’avais envie d’être sur ton Insta ?” Aujourd’hui, on ne trouve aucune information le concernant. Je continue parfois à répondre aux MP alors qu’il est 22 h 30 et que je suis au lit, ce qui a le don d’agacer mon mec qui me répète sans cesse qu’il faut que je pose des limites. Il comprend mon métier et il le respecte. Mais quand on est à son compte, parfois, on priorise son travail au détriment du reste[1]. »

D’autres, au contraire, encouragent leurs partenaires à s’impliquer dans la production de contenu : « C’est mon mari qui m’a poussée à développer mon compte Instagram. Il y croyait plus que moi : il me prenait en photo, ce qui est encore le cas aujourd’hui. Il fait partie intégrante de mes collaborations et aujourd’hui, il est même parfois devant l’objectif, explique Megan (@Meganvlt). J’ai mis trois ans à le dévoiler sur mes réseaux sociaux parce que je voulais au départ préserver ce jardin intime. En ouvrant ensemble notre boutique de cookies, Cupkie (il était souvent sur place), je me suis dit qu’il était cohérent que l’on sache qui il était. Comme il est lui-même entrepreneur, il sait

1. Entretien avec les autrices, septembre 2023.

qu'il n'y a pas d'horaires, il le comprend totalement. J'ai une chance inestimable. » Son mari, Théo André, témoigne : « Au départ, je souhaitais l'accompagner dans sa passion et la pousser à en profiter, à aller plus loin. Ça s'est professionnalisé peu à peu, donc on n'a jamais vraiment eu l'impression de travailler ensemble. Je suis 90 % une oreille avant d'être une aide, même si je la prends en photo encore aujourd'hui[1]. »

Quelques années après le lancement de son blog, Pauline Privez (@Paulineprivez) a passé beaucoup de temps à l'étranger, notamment à New York. Comme elle ne connaissait aucun photographe sur place, c'est son mari qui a rempli ce rôle, un job qu'il effectue encore de temps en temps, même s'il estime que le métier de sa femme prend parfois trop de place. « Mon métier peut lui peser car mon iPhone est le prolongement de ma main droite. Je lui impose souvent des shootings le week-end alors qu'il bosse comme un forcené toute la semaine. En même temps, il est conscient que mon métier nous ouvre des portes. » Pour son conjoint Romain, le plus difficile, dans le métier de sa femme, est cette absence de barrière entre le travail et la vie de famille. « L'aspect indépendant du travail peut parfois être difficile à gérer avec cette

1. *Ibid.*

frontière floue entre le pro et le perso : toujours un peu au boulot sans y être vraiment, toujours un peu à la maison sans y être vraiment. Même s'il y a des avantages car son métier nous permet de vivre de belles expériences[1]. »

Élisa (@etdieucrea) explique qu'il aura fallu beaucoup échanger avec son compagnon lorsqu'elle a pris la décision de professionnaliser son activité : « Ça n'a pas été un problème de couple mais cela a nécessité qu'on tâtonne et qu'on trouve le bon équilibre pour que ça ne prenne pas le pas sur la vraie vie. Il a fallu qu'on en parle et qu'on se dise "ça on fait", "ça on ne fait pas". Ce n'est pas si naturel que ça le moment où tu passes de simple utilisatrice à professionnelle de la création de contenu[2]. »

Comme pour n'importe quel couple, tout est une question d'équilibre et de contours à définir dès que la popularité du compte s'installe et que le nombre d'abonnés monte en flèche.

1. *Ibid.*
2. Entretien avec les autrices, août 2023.

La parentalité : exposer ou non ses enfants ?

(Clémence)

Le sujet passionne et fait débat, notamment depuis la parution du livre de Delphine de Vigan *Les enfants sont rois*[1] qui narre les péripéties d'une famille d'influenceurs YouTube. Ce roman satirique est un best-seller, révélant ainsi que cette problématique est devenue un véritable phénomène de société.

Comment faire quand on décide de partager un bout de sa vie sur les réseaux sociaux, de donner un peu de son intimité à sa communauté ? Faut-il exposer ses enfants, pratiquer ce qu'on appelle aujourd'hui le sharenting[2] ? Montrer leur visage ou les faire participer de manière active aux collaborations et aux partenariats avec les marques ? Sur toutes les plateformes ? À quel prix ? Selon une étude de l'Observatoire de la parentalité et de l'éducation numérique, publiée en 2023, 1,1 % des parents français d'enfants de moins de 16 ans sont influenceurs aujourd'hui et tirent un avantage de ces publications.

1. Delphine de Vigan, *Les enfants sont rois*, Paris, Gallimard, 2021.
2. Un mélange de *share* (partage) et de *parenting* (parentalité).

Concernant la présence des enfants sur les réseaux sociaux, il y a plusieurs cas de figure. S'agit-il de contenus gratuits ou d'une collaboration avec une marque ? Dans le premier cas, il n'existe aucune règle relative à leur exposition. Influenceur ou non, il revient à chacun d'arbitrer pour ses enfants. Dans l'éventualité d'un partenariat, soit le mineur est influenceur et possède ses propres canaux de diffusion (comptes de réseaux sociaux), soit il est « mis en scène » dans le cadre d'une collaboration commerciale par ses parents, eux-mêmes influenceurs.

Une loi a été votée en 2020 afin d'encadrer notamment les droits des enfants de parents influenceurs de moins de 16 ans : l'activité d'un enfant sur les plateformes de vidéos en ligne est considérée comme un travail et est donc soumise à rémunération mais aussi à la protection du Code du travail au même titre, par exemple, que pour un enfant acteur ou mannequin. Si le parent souhaite « mettre en scène » son enfant dans le cadre d'un partenariat (réalisation d'un enregistrement diffusé à titre lucratif), il doit demander un agrément auprès de la préfecture, ou se tourner vers un intermédiaire titulaire de l'agrément, le plus souvent des agences de mannequinat d'enfants. Les agences d'influenceurs, qui possèdent rarement la fameuse autorisation, sont elles-mêmes contraintes de passer par des spécialistes du mannequinat des mineurs. Si cette autorisation est approuvée, hors de question pour les parents d'empocher tout le salaire de leur enfant. 90 % de cette somme est ainsi placée à la Caisse des dépôts et consignations jusqu'à la majorité ou l'émancipation de l'enfant. Un mineur de plus de 13 ans doit en outre donner son avis favorable par écrit.

Selon une autre étude, cette fois-ci britannique[1], un enfant de 13 ans apparaît en moyenne sur 1 300 publications virtuelles, alors qu'il n'a pas l'âge d'avoir un compte sur les réseaux sociaux, peu importe la plateforme. Face à ce défaut de consentement, certains influenceurs ont fait le choix de ne pas exposer leurs enfants sur leurs différents comptes. « Pourtant, c'est difficile, raconte @Deedeeparis. Mes deux enfants sont évidemment les huitièmes merveilles du monde. Je passe beaucoup de temps avec eux et je les prends beaucoup en photo. C'est très compliqué de ne pas partager ça avec ses abonnés. C'est difficile de poser des limites. En même temps, je n'avais pas envie de leur imposer ça. Je me dis aussi que ce n'est pas leur faire un cadeau que de leur créer une image numérique qu'eux-mêmes ne créeraient pas de leur côté et qu'ils se retrouvent, ados, avec plein de datas sur

1. « Who Knows What About Me? », Childrenscommissioner.gov.uk.

eux, qu'ils ne pourront pas maîtriser. S'ils veulent mettre des choses sur Internet à partir d'un certain âge, ça les regardera et ce sera leur choix[1]. »

@Emiliebrunette, maman de deux enfants, partage cet avis : « Mes enfants n'ont pas choisi d'avoir une mère qui s'expose sur les réseaux. C'est mon devoir de mère de les protéger. Je ne voudrais pas que les photos circulent dans les réseaux pédophiles ou de prédateurs sexuels[2]. »

Ces questionnements sont légitimes et on observe de grandes différences culturelles. Aux États-Unis, l'exposition des enfants est beaucoup moins taboue et très courante chez les créateurs de contenu. Sur ce sujet, le secteur tente de s'autoréguler et certains organes tels que l'ARPP (Autorité de régulation professionnelle de la publicité) et l'Umicc (Union des métiers de l'influence et des créateurs de contenu) ont établi des chartes de conduite responsable qui intègrent la question de l'exposition des enfants.

1. Entretien avec les autrices, septembre 2023.
2. Entretien avec les autrices, février 2023.

L'influence à l'épreuve de la vie

(Clémence)

Jusqu'où aller dans le partage de son quotidien ? Peut-on être moins présent quand il faut faire face à la maladie ? À 33 ans, Émilie Daudin (@Emiliebrunette) s'est vue diagnostiquer un cancer du sein, triple négatif. Cette épreuve, elle a souhaité la partager avec sa communauté. « C'était presque de l'ordre du militantisme, de l'information, en profiter pour faire quelque chose d'important, de la prévention. Ce qui a été compliqué pour moi, c'est quand, par exemple, on m'a annoncé la chimiothérapie. Je me suis dit : "Dans un mois, je n'ai plus de cheveux", or mon boulot est quand même basé sur mon image. J'avais peur de perdre des clients. En partageant ma maladie, j'ai eu une énorme vague de soutien, d'amour, de partage. Plein de marques aussi ne m'ont pas lâchée durant cette période. Je n'ai pas eu peur de m'exposer parce que c'était aussi moi[1]. »

Plus récemment, Caroline Receveur, elle aussi atteinte d'un cancer du sein, avait au départ choisi de ne pas partager cette histoire avec sa communauté avant de se rétracter : « Moi qui pensais pouvoir garder ce "secret", je n'y arrive plus. Cette

1. *Ibid.*

solitude souhaitée pour affronter cette épreuve me coupe finalement du reste du monde et rajoute un poids à mon quotidien[1] », écrit-elle dans un post Instagram. Il peut donc y avoir un effet cathartique, à la fois pour l'influenceur mais aussi pour la communauté : un respect vis-à-vis d'une présence moins quotidienne, une sensibilisation à une maladie, mais aussi une cause. Le créateur de contenu peut quant à lui recevoir une vague de soutien dans une épreuve très difficile.

Les influenceurs sont de plus en plus nombreux à partager leur maladie ou leurs maux du quotidien. Sujette aux crises d'angoisse, @Lénasituations n'hésite pas à parler de son anxiété. À l'été 2023, la jeune fille est même allée jusqu'à révéler, dans l'une de ses vidéos YouTube, qu'elle avait eu un ulcère, et à filmer son intervention. L'objectif de ces partages est de sensibiliser le grand public et de porter un message grâce à la notoriété. En début d'année 2024, le streamer Jean Massiet[2], connu pour ses décryptages de l'actualité sur Twitch, a disparu des radars pendant un mois. Dans une interview accordée à *Libération*, le jeune homme de 35 ans a expliqué son hospitalisation pour la première fois en clinique psychiatrique. Atteint de

1. www.instagram.com/p/CvHtJ8nhnEq/?hl=fr&img_index=1.
2. www.twitch.tv/jeanmassiet.

bipolarité, il souffre régulièrement de dépression. Tout juste sorti, il a tenu à partager la raison de son absence : « J'estime que ça fait partie de mon devoir : à partir du moment où tu as la chance d'avoir de la notoriété, tu te dois d'avoir une pensée pour ceux qui ne l'ont pas, qui vivent ce genre de choses dans l'anonymat[1]. »

De son côté, Zoé Bassetto (@Zoebassetto) lutte depuis son enfance contre des troubles anxieux. Discrète concernant sa vie personnelle sur les réseaux sociaux, elle a néanmoins franchi le pas récemment d'évoquer son expérience avec sa communauté. « Je suis très anxieuse depuis que je suis toute petite, je me suis construite avec cette anxiété. Elle est très présente et je me suis rendu compte qu'elle me gâchait parfois la vie et pouvait me porter préjudice dans le pro comme dans le perso. Je trouvais important d'arriver à sensibiliser des personnes qui me suivent sur ce sujet. Je pense que la santé mentale, c'est primordial. On en entend de plus en plus parler, mais pas assez. Ce sujet me touche. Dès que j'en parle, je reçois beaucoup de messages comme : "Merci, ça fait du bien que tu en parles, de savoir que toi aussi tu peux vivre des

1. Julien Lecot, « Jean Massiet, le streamer politique prend la parole sur sa bipolarité : "Une maladie particulière qui est difficilement diagnostiquée" », Liberation.fr, 4 février 2024.

choses difficiles alors que l'on a l'impression que tout est facile." Mais non, ma vie n'est pas parfaite. Je me bats avec mon anxiété depuis de nombreuses années. En parler, c'est aujourd'hui important, je me sens investie. Autant que mon expérience serve à quelque chose de positif. À partir du moment où l'on est suivi par beaucoup de personnes, il me semble important de s'engager pour des causes qui nous touchent et d'essayer de faire avancer les choses. On a une voix et on est écouté[1]. »

Les créateurs de contenu sont professionnellement très vulnérables face aux épreuves de la vie. Dans un secteur dédié au divertissement et à l'esthétique léchée, la violence de certaines situations peut être compliquée à gérer. Comment aborder le deuil ou la maladie lorsqu'on parle habituellement de mode ou d'humour ? L'ultra-connexion avec sa communauté laisse parfois peu de choix quant au partage de moments douloureux, particulièrement lorsque la notoriété est forte. Néanmoins les créateurs ont le pouvoir d'ouvrir le débat autour de sujets complexes et tabous tels que la maladie mentale ou la représentation de la féminité face au cancer. Malgré eux, leur vécu a valeur d'exemple, ils sont les porte-voix de situations que nous pouvons tous être amenés à vivre.

---

1. Entretien avec les autrices, septembre 2023.

LE RAPPORT À L'ARGENT : ENTRE GROS MONTANTS ET PRÉCARITÉ

La plupart des influenceurs n'en vivent pas

(Émilie)

Les influenceurs sont 150 000 en France et ils gagnent tous très bien leur vie. Ils travaillent peu d'heures par semaine et bénéficient d'une flexibilité qui leur permet un équilibre pro-perso parfait. Ça fait rêver, n'est-ce pas ? Malheureusement, le mythe tenace que l'influence est une manne et qu'il suffit aux influenceurs de publier des codes promo pour devenir millionnaires est un miroir aux alouettes dans lequel se perdent beaucoup de jeunes[1] fascinés par cet Eldorado. Certains, en effet, peuvent toucher jusqu'à 100 000 euros

1. Selon une étude réalisée par l'agence de marketing digital We Are Social, en 2023, 62 % des jeunes Français âgés de 16 à 24 ans souhaitent devenir influenceurs. Ce chiffre est en forte hausse par rapport à 2020, où il était de 49 %.

et plus pour une seule vidéo YouTube, mais ils sont une poignée en France.

Les créateurs de contenu sont loin de tous gagner des mille et des cents. Ils sont même proportionnellement très peu à en vivre. L'étude HypeAuditor 2023 révèle que les influenceurs français gagnent en moyenne 26 euros de l'heure. Ce chiffre est légèrement inférieur au salaire moyen des travailleurs français (28 euros). Selon la même étude, plus de 65 % des influenceurs sur Instagram – les résultats sont similaires sur TikTok – sont des nano-influenceurs. Cette catégorie de créateurs ne gagne pas ou très peu sa vie avec son activité d'influence. L'immense majorité a un emploi en parallèle. Qu'ils soient médecins, juristes, comptables, mannequins, journalistes, ils arrondissent tout au plus leur fin de mois avec l'activité de création de contenu. Cette catégorie rassemble des passionnés qui publient du contenu principalement pour le plaisir de partager avec leur communauté.

Leurs revenus relatifs à cette activité se limitent la plupart du temps à de la dotation de produit, sur laquelle ils paient des impôts. Bien que cet aspect offre des avantages, la rémunération en produits n'est pas pérenne et ne permet pas de faire vivre une entreprise. Comme le dit justement

@Deedeeparis : « Je ne paie pas mon Ursaff en crèmes de soin. »

L'influence n'est pas un long fleuve tranquille et de nombreux facteurs peuvent impacter négativement la rémunération. Certains paramètres externes sont hors du contrôle des influenceurs :

1/ une dépendance, une vulnérabilité face aux plateformes : les créations appartiennent aux influenceurs mais n'existent que par le biais des plateformes qui sont toutes-puissantes malgré les tentatives de l'Europe de juguler leur activité. Si Meta[1] venait à disparaître ou à restreindre ses conditions d'utilisation, les instagrameurs perdraient *de facto* leur emploi ou verraient leurs revenus impactés significativement. Par ailleurs, les algorithmes mènent la danse de la visibilité et des tendances sur les réseaux sociaux, et les créateurs doivent en permanence s'adapter à ces nouvelles règles tacites. Les plateformes exigent notamment de publier régulièrement (fréquence quotidienne ou tous les deux jours) pour maintenir sa visibilité, elles imposent donc une cadence effrénée aux créateurs comme aux audiences. Une baisse des statistiques entraîne l'arrêt des partenariats à moyen terme ;

1. Qui détient notamment Facebook et Instagram.

2/ le jugement du public. Devenir *has been* est le cauchemar de tout influenceur ; il faut donc en permanence se renouveler et s'adapter aux nouvelles tendances ;

3/ la (très rude) concurrence. Il s'agit en permanence de se différencier des autres pour maintenir le lien avec la communauté et ne pas faire baisser les chiffres ;

4/ l'évolution de la réglementation. On l'a vu avec la loi du 9 juin, l'aspect réglementaire peut impacter positivement ou négativement le secteur de l'influence. Il s'agit d'un facteur externe non maîtrisable, particulièrement scruté par l'ensemble des acteurs du marché. Certains pays se sont vu appliquer des réglementations non cohérentes avec les contraintes et besoins du métier et ont mis à mal l'économie locale ;

5/ le risque réputationnel – un bad buzz est vite arrivé. Un dérapage ou une maladresse peuvent faire chuter un créateur dans les limbes de l'oubli ;

6/ le risque non négligeable du hacking de compte. Rançon et extorsion ne sont pas rares et les influenceurs sont particulièrement démunis vis-à-vis de cette menace. Ce constat a par exemple poussé Meta à développer sa nouvelle offre d'abonnement pour obtenir le fameux macaron certifié qui assurerait une sécurité accrue aux utilisateurs.

Quand on se lance dans le métier de l'influence, il est important de penser à ces différents enjeux et d'établir des stratégies pour atténuer ou limiter les risques. Tout métier en comporte. L'objectif est simplement de bien les connaître pour pouvoir les anticiper.

Combien gagnent-ils ?

(Émilie)

Les conjectures les plus folles courent au sujet de la rémunération des créateurs de contenu. Dans l'imaginaire collectif, leur métier rime avec hauts revenus. Malheureusement – pour eux –, seulement 28 % d'entre eux déclarent vivre pleinement de cette activité. 66 % des personnes interrogées gagnent moins de 5 000 euros par an, contre 6 % dont les revenus seraient supérieurs à 50 000 euros annuels[1]. On est loin du jet privé. Pour résumer la situation, l'immense majorité se rémunère peu, voire pas, avec la création de contenu, quand une poignée peut gagner des sommes importantes, voire astronomiques.

1. Étude Reech 2024.

Cette industrie présente quelques analogies avec le monde du football. Les joueurs en nationale sont beaucoup plus nombreux, mais leur salaire n'a rien à voir avec celui de Mbappé. C'est un peu la même chose pour l'influence qui compte beaucoup d'appelés mais peu d'élus, même si @Lénasituations ou @Squeezie, sont sans doute loin d'avoir les mêmes revenus que le célèbre attaquant du Paris-Saint-Germain.

Axel (@Axelenvrai) explique : « On n'est pas tous millionnaires. Vous rencontrerez beaucoup de créateurs de contenu qui, s'ils sont honnêtes, vous diront qu'ils sont au chômage ou entre deux jobs. Beaucoup d'appelés pour très peu d'élus. Le soleil appartient à très peu de gens, nous, on a des rayons. Il y a cette fausse idée qu'on est tous milliardaires, et je pense qu'on n'est pas aidés par les influenceurs de téléréalité[1]. »

De la même façon que l'univers du football, l'influence fait rêver les jeunes qui se l'imaginent comme un univers où le travail est un jeu et où l'argent coule à flots. Mais il s'agit d'une industrie très compétitive, et rares sont ceux qui peuvent en vivre confortablement. L'hyper-médiatisation de ces métiers laisse penser, notamment aux

1. Entretien avec les autrices, septembre 2023.

jeunes générations, que la valeur travail est dépassée et qu'il existe aujourd'hui des secteurs où l'on peut bien gagner sa vie sans réellement se tuer à la tâche. C'est faux, et cela peut même être dangereux d'un point de vue social. Ceux qui percent dans l'influence, comme dans le football ou dans tout autre métier, sont les plus travailleurs. Reprenons l'exemple de @Lénasituations. La jeune femme aux 2,7 M d'abonnés est une travailleuse acharnée, animée au départ par sa créativité et l'envie de partager son quotidien en vidéo.

Leurs revenus sont également à mettre en balance avec le risque réputationnel auquel les créateurs font face. Il n'y a pas loin du Capitole à la roche Tarpéienne et on peut être au sommet un jour et subir un bad buzz enterrant tout espoir de partenariat le lendemain. C'est ce qui s'est passé pour Norman Thavaud[1] qui a fait l'objet d'une enquête ouverte pour viol et corruption de mineurs, depuis classée sans suite[2]. Plusieurs jeunes femmes, parfois mineures au moment des faits, ont aussi accusé Léo Grasset[3].

1. Norman fait des vidéos, 11,6 M d'abonnés sur YouTube.
2. « Norman Thavaud : l'enquête ouverte pour viol et corruption de mineurs ciblant le youtubeur classée sans suite », Libération.fr, 11 octobre 2023.
3. Dirty Biology, 1,14 M d'abonnés sur YouTube.

Composition des revenus

Les prestations de création de contenu sont généralement vendues par type et volume de contenu. Un pack d'écrans de story, généralement vendus par trois, est valorisé la plupart du temps entre 500 et 6 000 euros. Bien entendu, ce montant peut être très supérieur ou au contraire moindre. Une vidéo de type reel sur Instagram se monétise entre 1 000 et 10 000 euros en moyenne. Mais ces sommes, bien qu'importantes, sont dérisoires à côté d'une vidéo YouTube d'influenceur ultrastar pouvant avoisiner les 100 000 euros.

Camille Callen, *alias* @Noholita, déclarait au micro de Matthieu Stefani[1] en 2023 vendre un set de stories (trois écrans) 6 000 euros HT (6 500 euros HT si partage d'un code promo). Il applique le même tarif pour une vidéo reel sur Instagram.

Selon l'étude internationale HypeAuditor 2023, parmi les moyens les plus populaires pour les influenceurs de gagner de l'argent, au-delà de la promotion d'une marque (40,15 %), la création d'une marque personnelle avec la redirection de trafic et clients vers leur propre entreprise est la deuxième source de revenu (21,71 %

1. Dans le podcast *Génération Do It Yourself*, cité.

des influenceurs disent utiliser ce moyen de monétisation). La participation à des programmes d'affiliation vient ensuite (14,92 %). La vente de cours en ligne est aussi en bonne place, avec 3,86 %. Les services d'abonnement (Onlyfans, Discord et autres) ont été notés comme sources de revenus supplémentaires par 7,68 % des influenceurs.

Estimation des revenus par catégorie de taille d'audience

Catégorie d'influenceur	Taille de communauté	Proportion	Nombre d'influenceurs (sur une base de 150 000 en France)	Fourchette de revenus annuels
Nano	1 K-15 K	65,39 %	98 085	uniquement en avantages en nature
Micro	15 K-100 K	27,73 %	41 595	5 K-50 K
Macro	100 K-500 K	6,38 %	957	40 K-900 K
Top	500 K-1 M	0,28 %	420	900 K-3 M
Star	1 M +	0,23 %	345	2 M-10 M

Méthodologie employée : nous sommes partis de l'étude HypeAuditor 2023[1] *donnant la répartition des influenceurs selon la taille de leur communauté (nano, micro,*

1. Outil d'analyse des statistiques influenceur, mesure le reach, l'engagement, la taille de communauté, etc.

macro, top, star). En partant du principe que cette répartition à l'échelle monde est relativement similaire à la situation française et sachant que le nombre de créateurs en France en 2023 est estimé à 150 000 en France, on obtient la population d'influenceurs par catégorie. Nous avons également renseigné selon nos connaissances du marché les rémunérations pour chacune de ces catégories.

La partie immergée de l'iceberg : les avantages en nature

Si les dotations ne sont pas des « cadeaux », car l'objectif est toujours pour la marque d'obtenir une contrepartie, elles entrent indéniablement dans la rémunération des créateurs. Juliette Katz, célèbre créatrice et podcasteuse, déclarait au micro de Fabrice Florent se verser 6 000 euros par mois de rémunération (3 000 euros de salaire + 3 000 euros de dividendes)[1]. Elle déclarait également dans cet épisode avoir peu de frais personnels quotidiens car beaucoup de ses frais pouvaient être passés sur son entreprise, mais aussi recevoir de nombreux avantages en nature. « Pour mon fils, il a deux ans, je n'ai jamais acheté de couches, déclare Juliette avant d'ajouter : Il y a un truc qu'on ne dit pas dans ce milieu, c'est le nombre de cadeaux. »

1. « Les Podcasts de Fab Florent », Podacsts.fabflorent.com, 21 juillet 2023.

Les différentes sources de revenus

(Émilie)

Être influenceur, c'est d'abord être multicasquette et touche-à-tout. Ne pas mettre tous ses œufs dans le même panier (passons l'expression de grand-mère) est un bon moyen d'éviter une certaine forme de vulnérabilité, dépendance, vis-à-vis des marques, plateformes ou agents. À l'instar de tout entrepreneur, il est chaudement recommandé de cumuler *a minima* deux sources de revenus, parmi lesquelles :

1/ la création de contenu de marque, bien sûr : le créateur est contacté dans l'objectif de produire du contenu sur ses réseaux sociaux pour le compte d'une marque. Ce contenu peut avoir plusieurs formats mais doit mettre en lumière les produits ou services de l'enseigne. Parmi les typologies, on retrouve (liste non exhaustive) :

- sur Instagram : le post (photo ou carrousel), la story (le plus souvent vendue par sets de trois écrans), le reel (vidéo). Ces contenus peuvent être dédiés ou non, ce qui définit la présence exclusive de la marque ou non sur la publication. Ils peuvent également être publiés en cross-post (publiés sur deux comptes en même temps, le plus souvent celui de l'influenceur et de la marque),

- sur TikTok : la plateforme au 1,7 Md d'utilisateurs actifs mensuels dans le monde permet la diffusion de vidéos et de photos en musique. Au départ canal de diffusion de vidéo de danse et lip-sync (technique qui consiste à synchroniser les mouvements des lèvres avec un enregistrement audio), le réseau social chinois est désormais un incontournable de l'influence commerciale, dépassant même Instagram en termes d'investissement pour certaines enseignes, notamment dans le secteur de la beauté,
- sur YouTube : vlogs (contraction de « vidéo » et « blog », dans lequel le créateur partage sa vie quotidienne ou des expériences uniques), hauls (déballage/essayage de produits), analyses et reviews thématiques, sketch ou challenges, YouTube est la plateforme reine de la vidéo long format. La création de contenu rémunéré peut y prendre plusieurs formes :
  - le placement de produit au cours d'une vidéo dont la thématique n'est pas obligatoirement liée à celle de la marque (par exemple, au sein d'un vlog). Il peut y avoir plusieurs placements de produits dans une même vidéo,
  - la vidéo dédiée est une vidéo dont le concept créatif – la trame – a été le plus souvent coécrit avec la marque dans l'objectif de mettre en avant le produit ou le service en question.

  C'est la vidéo la plus chère car elle implique le plus souvent une plus lourde production,
- la démo ou tutoriel : c'est la vidéo dans laquelle l'influenceur montre à l'audience comment utiliser un produit ou un service d'une marque,

- sur LinkedIn : le réseau social des professionnels n'échappe pas à l'influence marketing et a vu l'émergence de créateurs de contenu. Ils sont souvent très spécialisés et leur communauté, si elle est plus restreinte que sur d'autres plateformes, est très qualifiée. En langage de communicant, cela signifie que les influenceurs s'adressent ici à des gens plus intéressés que la moyenne sur le sujet dont ils traitent et donc plus à l'écoute des messages diffusés. À l'instar de Karim Hechmi, *alias* @Tontonkarim (70 K abonnés à l'heure où l'on écrit ces lignes), créateur de contenu RH (très qualitatifs), ils sont de plus en plus nombreux à développer une activité d'influence rémunérée,
- sur Facebook : la doyenne des plateformes de social media tient toujours le haut du pavé en termes de nombre d'utilisateurs (3 Md dans le monde), mais est délaissée par les créateurs de contenu qui lui préfèrent des plateformes avec des audiences plus jeunes. Elle reste en revanche la plateforme idéale pour les contenus de marque sponsorisés (contenus publiés par une marque sur

son compte et non réalisés par un influenceur)
– *Nota bene :* Il est à noter que sur Instagram, LinkedIn, TikTok et YouTube les contenus des créateurs peuvent être sponsorisés par eux-mêmes ou par une marque. La plateforme est alors payée pour pousser la publication et propose donc à une plus large audience de voir le contenu. Plus l'investissement est important, plus le nombre de vues sera grand,

- sur Twitch : la plateforme de streaming vidéo en direct et de vidéo à la demande (VAD) initialement utilisée par des gamers est devenue le pendant de la télévision pour certains jeunes de la Gen Z. Une émission populaire telle que la chaîne Popcorn, animée par @Domingo (Pierre-Alexis Bizot), peut réunir jusqu'à 250 K personnes en live. Les chroniqueurs y décryptent les actualités internet, culture ou jeux vidéo pendant que les abonnés ont la possibilité d'interagir avec les créateurs. La sponsorisation de marque y est bien entendu également présente sous forme de contenu dédié ou de placement de produit,
- les blogs : les anciennes stars d'une ère que les moins de 25 ans ne peuvent pas connaître sont délaissées par les jeunes générations et donc de moins en moins plébiscitées par les marques pour y réaliser du contenu. Néanmoins, il s'agit d'un médium qui permet de relayer du fond et

les plus populaires arrivent encore à se faire rémunérer pour du placement de produit ou un article dédié,

- les newsletters : moins connues mais s'adressant pourtant à un public très qualifié, la newsletter, comme tout autre support de diffusion d'information gratuite, peut faire l'objet de création de contenu rémunérée,
- les podcasts : ce format popularisé dans les années 2010, en révolutionnant au passage la communication audio, est toujours aussi tendance. Certaines créations sont devenues de véritables entreprises, à l'instar de Bliss Stories, le podcast aux 50 M d'écoutes, créé par Clémentine Galey, qui détricote les tabous sur la maternité. Ou encore Coming out, l'excellent podcast d'Élise Goldfarb et Julia Layani. La création de contenu rémunérée sur ce type de format intervient le plus souvent en début d'épisode ou peut impliquer un épisode spécial (dédié), sous forme d'interview d'une marque par exemple,
- Snapchat : terrain de jeu des influenceurs issus de la téléréalité peut également faire l'objet de partenariats ;

2/ les cocréations : ce sont des partenariats d'un format très spécifique puisque le créateur et une marque s'associent pour créer un produit ou une ligne de produit. Pour l'exemple, la marque de box beauté Blissim[1], coutumière de ce type de partenariat, a réalisé vingt cocréations depuis 2018. Elle en a fait une marque de fabrique. « Nous proposons de créer sur mesure une box avec le talent, qui a un large terrain d'expression : codéveloppement d'un packaging, choix du moodboard, de la direction artistique et de toute la sélection de produits, sans oublier l'organisation d'un événement de lancement et la communication autour de ce projet. Ce sont des projets à long terme (près d'un an de développement), mais qui permettent de créer une box unique, à l'image du talent[2] », déclare Marilou Bazoge, *global influence manager* chez Blissim ;

3/ l'affiliation : ce système de rémunération est moins connu du grand public mais représentait environ 10 % de la publicité digitale en France en 2023, avec près de 1 million d'euros (source : Affilae[3]). L'affiliation est utilisée par les influenceurs et les médias en ligne ou tout autre support de communication digitale. Il s'agit d'un type de partenariat entre une marque et un créateur de

1. Anciennement Birchbox, numéro 1 sur son secteur en France.
2. Entretien écrit avec les autrices décembre 2023.
3. Affilae est une plateforme d'affiliation qui met en relation les marques et les influenceurs.

contenu qui recommande les produits ou services à son audience, en échange d'une commission sur les ventes générées. Ces flux passent par ce que l'on appelle des plateformes d'affiliation telles que Like to Know It, Awin ou Affilae. L'influenceur peut être payé ou non en plus de cette commission, mais la plupart du temps, il reçoit un bon d'achat par la marque, fait ses achats sur son site, génère un lien spécifique puis le partage en story. Lorsqu'un abonné clique sur le lien et achète dans la foulée, l'achat est « attribué » au créateur, qui se voit rémunéré (entre 5 et 10 %) du montant total de la vente. Cette vente peut être attribuée jusqu'à trente ou quarante-cinq jours après que l'abonné a cliqué sur le fameux lien.

Myriam Badens, *head of account & publishers* chez Affilae (plateforme d'affiliation française), explique que « l'attrait de l'affiliation réside dans la flexibilité et la rentabilité du modèle. Tant pour les affiliés que pour les entreprises, ce système offre de nombreux avantages[1] ». Cette méthode de rémunération est très intéressante pour les enseignes et peut représenter jusqu'à 50 % du revenu d'un influenceur. La créatrice de contenu Camille Callen, *alias* @Noholita, déclarait au micro de Matthieu Stefani, dans un épisode de son

1. Entretien écrit avec les autrices décembre 2023.

podcast *Génération Do It Yourself*, avoir gagné il y a quelques années « 10 000, 15 000, 20 000 euros d'affiliation par mois[1] » ;

4/ l'événementiel : les créateurs peuvent également intervenir *in real life* (IRL) sur plusieurs types d'événements : des conférences, des formations (masterclasses), workshops en entreprise, ou meets up (rencontres avec leur communauté). Ce sont souvent des occasions pour eux de rencontrer leur communauté et/ou d'aborder des thématiques différentes de leur contenu. En termes d'image, ce type d'intervention permet un autre positionnement, davantage comme un leader d'opinion que comme un « simple » influenceur. Ces prestations sont bien entendu également rémunérées et s'accompagnent le plus souvent de création de contenu ;

5/ rémunération par les plateformes : YouTube, X ou TikTok rémunèrent directement les influenceurs en fonction du nombre de vues, de likes et de partages de leurs vidéos. À l'instar de Mym ou OnlyFans (plateformes de partage de contenus pornographiques), Twitch permet aux streamers de gagner de l'argent en fonction des dons, des abonnements et des vues de leurs streams ;

1. Podcast *Génération Do It Yourself*, cité.

6/ activités diversifiantes : comme on l'a vu, beaucoup de créateurs se lancent dans des activités parallèles telles que des marques en propre, boutiques, programmes de fitness, art, applications, littérature – on a tous en tête les records de ventes du livre de Léna Mahfouf, *Toujours plus*[1], parfaite illustration de notre société où l'accumulation d'activité, le « slash », est devenue la norme pour beaucoup. Selon une étude de l'Insee publiée en 2022, il y avait environ 2,1 M de slasheurs en France, soit environ 10 % de la population active ;

7/ production en marque blanche : contrairement à ce que l'on peut imaginer, les créateurs ne produisent pas du contenu que pour leurs réseaux. Ils sont nombreux à créer également pour le compte de marques. On appelle ça « en marque blanche ». Les annonceurs ont bien compris que les mieux placés pour monter un compte Instagram ou TikTok qui fonctionne, ce sont les influenceurs ;

8/ UGC (*user generated content*) : les créateurs UGC sont les nouveaux venus du marketing d'influence. Pour créer du contenu et être payé pour cette activité, il n'est plus nécessaire d'être influenceur et donc d'avoir une communauté. Les marques rémunèrent des utilisateurs lambda,

1. Léna Mahfouf, *Toujours plus*, Paris, Robert Laffont, 2020.

souvent jeunes, créatifs et avec une forte appétence pour la création de contenu, en dotations et budgets très restreints. TikTok est la plateforme idéale pour ce type de partenariats qui permettent à des étudiants ou de jeunes actifs d'arrondir leurs fins de mois. On y retrouve même désormais des créateurs de contenu qui conseillent les producteurs d'UGC en devenir – le film *Inception* n'est pas loin… ;

9/ mannequinat enfant sur les réseaux sociaux des parents : 10 % des revenus de l'enfant doivent être reversés aux parents et ils sont non imposables en dessous de 1 400 euros annuels ;

10/ le droit à l'image/mannequin : faire un shooting XXL comme @Lénasituations, pour Lounge Underwear[1] implique des droits d'image pour la créatrice. La marque paie le droit de se servir de l'image de la créatrice pour faire la promotion de ses produits.

L'économie de l'influence et de la création de contenu correspond à un éclatement de l'offre média pour les annonceurs, à une forme d'ubérisation de la publicité. Auparavant, une enseigne payait (très cher) une page ou un publirédactionnel

1. Campagne de publicité qui affichait la jeune femme en lingerie sur des affiches 4 × 3 dans la rue.

dans un magazine tel que *Elle*, ou 30 secondes sur une chaîne à grande écoute ; aujourd'hui, une partie de ces budgets colossaux sont répartis entre une multitude de créateurs de contenu et de réseaux. L'économie qui continue de se développer autour d'eux, toujours plus spécialisés et toujours plus nombreux, est en pleine croissance.

Les « cadeaux » sont-ils des cadeaux ?

(Émilie)

Plus encore que la rémunération numéraire, les dotations (terme consacré dans le secteur) semblent attiser toutes les convoitises et soulever des interrogations. Il est vrai qu'il y a de quoi faire rêver, en apparence. Le sujet est plus complexe qu'il n'y paraît, et crucial pour le secteur car l'immense majorité des créateurs n'est « rémunérée » que sous forme d'avantages en nature, et beaucoup d'agences sont spécialisées dans ce type de prestations.

Peut-on considérer ces envois de produits comme des cadeaux ? La réponse est non car un travail est attendu en échange de cette dotation, qui n'est donc pas une attention désintéressée. Il s'agit bien pour les marques d'un investissement qu'elles souhaitent rentable ; on parlera d'avantages en nature. Dans le secteur de l'influence marketing, il existe trois types de dotations :

1/ les dotations qui font partie d'un partenariat : le créateur reçoit le produit afin de le tester et de vérifier certaines allégations. Il en aura par la suite besoin pour créer son contenu, quel qu'il soit. Ce type de dotation est nécessaire à la réalisation de la prestation ;

2/ les dotations qui ont une valeur de rémunération : il est entendu, entre le créateur et la marque, qu'il n'y aura pas de rémunération financière, mais que le produit sera envoyé en échange d'une liste de contenus prédéfinie. Ce type de collaboration peut faire l'objet d'un contrat. C'est notamment le fonctionnement de certains retailers de produits de luxe qui ne rémunèrent peu ou pas les créateurs mais ces derniers s'engagent contractuellement à produire du contenu en échange d'un bon d'achat, parfois important, sur le site en question ;

3/ le produit peut également être envoyé dans le cadre d'un « portage ». C'est ainsi que l'on désigne cette technique d'envoi de produits à des leaders d'opinion. Au départ réservés à la presse, ces envois se sont étendus progressivement à l'univers digital et aux créateurs de contenu. La marque qui les envoie espère obtenir une publication de contenu en échange, mais le créateur ou le journaliste n'est pas dans l'obligation de produire quoi que ce soit.

Ces dernières années, la politique des marques a beaucoup évolué quant aux portages, notamment à l'aune de l'urgence climatique. Auparavant, ils étaient régulièrement non sollicités, les journalistes et créateurs recevaient sans les avoir demandés (leurs coordonnées sont connues des agences de relations presse) des produits qui ne leur convenaient pas dans des emballages toujours plus délirants. Le gâchis était immense et certains influenceurs se sont insurgés contre cette pratique. Il n'était pas rare qu'une créatrice beauté reçoive, dans le cadre d'un lancement, toutes les nuances d'un fond de teint alors qu'elle ne pouvait factuellement en porter qu'une, les autres produits pouvant être donnés, vendus ou simplement jetés…

Cette apparente profusion est malgré tout un mirage loin d'être désintéressé et beaucoup de créateurs préfèrent acheter eux-mêmes certains produits – qu'ils pourraient recevoir s'ils les demandaient – pour n'avoir aucun compte à rendre ni obligation de le partager à leur communauté. Comble de l'ironie, il ne faut pas négliger l'aspect nuisible de certaines de ces dotations, qui ne sont pas toujours les bienvenues, sont souvent inutiles ou constituent un véritable gâchis écologique. Combien de tote bags, goodies dignes de laboratoires pharmaceutiques, porte-clés, boules de Noël, stickers, voire clés USB (oui, vous avez bien lu, en 2024 !) reçus et jetés immédiatement à la poubelle de retour à la maison ?

La loi du 9 juin a soulevé de nombreuses interrogations autour de ces fameuses dotations. Les influenceurs doivent donc communiquer sur la nature de leur relation avec l'annonceur : rémunération, invitation ou dotation. C'est une bonne nouvelle pour le secteur car ce nouveau cadre plus contraignant rend obligatoire la transparence et rassure les communautés, de plus en plus méfiantes et sceptiques quant à l'honnêteté de ces faiseurs d'opinion. Cette mesure, *in fine*, pérennise le secteur.

Ces influenceurs qui ne monétisent pas ou qui monétisent différemment leur communauté

(Émilie)

Dans l'univers de la création de contenu, tout ne tourne pas autour du marketing d'influence (heureusement). Il existe une multitude de créateurs de contenu qui ne monétisent pas, ou monétisent différemment leur présence sur les réseaux sociaux. Ils peuvent être activistes ou professionnels d'un secteur, et se donnent pour mission d'éduquer, partager du contenu pédagogique, informer ou interpeller les esprits.

Ces KOL (leaders d'opinion en français) prennent la parole sur des sujets très divers dont ils sont spécialistes, tels que la médecine, l'entreprenariat, l'histoire, les conseils RH. À l'instar d'Estelle Becquet, *alias* @Sexotheory, psychologue clinicienne et sexologue qui partage du contenu pédagogique et sensibilise sa communauté autour des sujets de santé sexuelle et d'inclusivité : « Lorsque j'ai ouvert mon compte, c'était avant tout pour partager du contenu informatif autour de la sexualité car je constatais dans mon cabinet que 80 % de mon travail consistait à défaire de fausses croyances et des *a priori*. Ce compte me permet également d'entamer un échange avec ma communauté sur des sujets complémentaires à ceux que je peux traiter dans ma pratique[1]. » Ce type de compte ne monétise pas son audience même si être suivi sur les réseaux sociaux peut avoir un impact positif sur une activité. Avoir un compte avec « plusieurs K » peut ouvrir des opportunités professionnelles,

1. Entretien avec les autrices, décembre 2023.

permettre de recruter des clients, d'augmenter sa patientèle ou d'être plus visible au sein de son entreprise.

D'autres utilisent leur notoriété pour porter une cause ou un engagement fort tels que le féminisme, les droits LGBTQIA+, l'environnement, la représentation communautaire, etc. Ces activistes ne sont pas rémunérés pour créer du contenu sur les réseaux sociaux, en revanche leur audience leur permet d'asseoir leur notoriété et leur visibilité, mais aussi d'échanger avec leur communauté et de tester leurs idées. À côté de cette activité, ils sont souvent conférenciers, auteurs, chroniqueurs ou consultants. Les réseaux sociaux sont ainsi un puissant levier pour diffuser des connaissances, faire de la pédagogie, mais également porter des voix et des engagements qui seraient inaudibles autrement. Ne sont-ils pas devenus, après la presse et les médias, le cinquième pouvoir, celui des citoyens ?

Toutefois, cette pléthore de contenu disponible sur les réseaux ne crée-t-elle pas aussi une dilution, une forme de dévalorisation du savoir ?

Rémy Oudghiri l'explique : « C'est ça, l'enjeu de l'influence : inventer le savoir du XXIe siècle, qui n'est plus un savoir monopolisé par une minorité d'experts mais enrichi d'autres regards. Tout l'enjeu est de faire en sorte que cette connaissance alternative produite aujourd'hui quotidiennement et de façon massive ne mette pas fin au savoir traditionnel. »

La véracité de l'information est au cœur de ces enjeux. La diminution de l'autorité académique, associée à une perte de confiance envers les pouvoirs publics, a permis la multiplication de comptes d'information « alternatifs », voire complotistes. Rémy Oudghiri alerte sur ce point : « Comme pour toute révolution ou évolution, il y a un côté positif et un côté négatif. L'aspect positif, c'est que les réseaux sociaux introduisent une façon plus agréable d'apprendre, mais le risque est le relativisme car le phénomène accrédite le fait que chacun peut apporter sa contribution. »

La jeune génération s'informe directement sur les plateformes de réseaux sociaux et donc grâce aux créateurs de contenu. À ce titre, l'intégrité professionnelle sur les sujets d'information sera, c'est certain, l'un des grands enjeux du secteur.

POURQUOI EUX ? COMMENT DEVENIR INFLUENCEUR ?

Qu'ont-ils de plus que les autres ?

(Clémence)

Influencer un grand nombre de personnes n'est pas donné à tout le monde, ces créateurs de contenu ont un petit quelque chose qui leur a permis de se démarquer et de construire une communauté fidèle.

Certains ont fait leur apparition avant les années 2010 grâce à l'émergence des blogs, phénomène américain qui est apparu petit à petit dans l'Hexagone. Peu nombreux à l'époque, ils ont su comprendre que les blogs allaient s'imposer comme une nouvelle tendance. Certains ont donc été un brin novateurs… Si, au fil des années, créer un blog n'a plus tellement été avant-gardiste, créer un profil Instagram ou TikTok avant l'heure a été aussi pour ces influenceurs une manière de se démarquer. Bien entendu, tous les influenceurs ne sont pas des visionnaires ou des précurseurs mais, pour percer, il faut être à l'affût des tendances. Être capable de déceler le prochain réseau social sur lequel il faudra être, proposer un contenu original et innovant, tester de nouveaux outils pour surprendre sa communauté et la pousser à continuer ainsi à vous suivre, à liker et à partager le contenu.

En quelques années, @Lénasituations, a explosé tous les scores. Depuis sa petite chambre d'étudiante chez ses parents au Met Gala en 2022, l'influenceuse s'est démarquée dès le début par son côté authentique et naturel, une girl next door. Sur YouTube, elle a lancé un format qui fait toujours son succès aujourd'hui, les « vlogs d'août », mettant en scène son quotidien, ses amis et leurs aventures comme une réécriture de la série *Friends* dont la jeune femme ne se cache pas d'être fan. Aujourd'hui, son quotidien passionne quelque 5 M d'abonnés, toutes plateformes confondues. La recette de son succès ? Son travail, certes, mais aussi sa sincérité. Quand on interroge les influenceurs suivis par des milliers de personnes, tous revendiquent ce naturel comme la clé de leur réussite. Leur pouvoir d'influence dépasse parfois les espérances des marques. @Squeezie est adulé par une génération et est aujourd'hui le premier streamer français ayant plus de 18 M d'abonnés sur YouTube. En 2022, la société Launchmetrics, spécialiste du marketing d'influence, évalue la valeur de l'impact médiatique de Léna Situations à 4,2 millions de dollars.

Leur force ? Plusieurs critères concoururent à faire d'eux des champions de la communication. Avant tout, un sens (souvent inné) de la communication, quel que soit le support, mais également une certaine forme de charisme. Même chez ceux qui ne prennent pas la parole, il se dégage de leur compte une aura, un charme. L'attraction est complexe à décrypter et peut surtout varier d'une personne à une autre. Ils peuvent être drôles, beaux, créatifs, percutants, inspirants, sincères. La liste est longue. À chaque créateur son mojo mais on peut simplement résumer par : ils sont séduisants.

Comment construire son influence et sa communauté sur les réseaux sociaux ?

(Clémence)

Construire son influence et développer sa communauté sur les réseaux sociaux nécessite une vraie stratégie. Acquérir une visibilité, développer une communauté engagée peut se révéler beaucoup plus complexe que ce que l'on croit. Il ne suffit pas d'avoir fait un passage dans une émission de téléréalité pour faire exploser son compteur d'abonnés. Cela peut sembler évident, mais le contenu, c'est la clé ! Cependant, la concurrence est rude, surtout depuis quelques années, tant ce milieu en fait rêver plus d'un. La multiplication des médias sociaux a aussi vu le nombre d'influenceurs et aspirants exploser.

Pour percer, il faut déjà trouver son sujet, une niche de préférence. Cela peut paraître réducteur, mais un influenceur a de nos jours plus de chances de se faire connaître en abordant un sujet peu traité. Cela permet notamment d'avoir une communauté plus engagée puisqu'intéressée et concernée par ce sujet rare sur les réseaux sociaux. Les utilisateurs cherchent à suivre du contenu qui correspond à leurs centres d'intérêt. Il faut éviter de se disperser, de butiner de sujet en sujet, au risque d'y perdre des abonnés ! Il s'agit donc de bien réfléchir : de quoi je veux parler et pour qui ?

Les algorithmes peuvent s'avérer cruels. Même si leur fonctionnement n'est pas connu, il existe quelques règles à suivre :

1/ poster à heures fixes et à des jours réguliers, où la communauté est la plus active, favorise la visibilité des posts. Cette fréquence est importante, même s'il faut éviter de poster juste pour poster. Réfléchir à ce que l'on a envie de partager auprès de sa communauté est crucial. Une identité bien marquée, une certaine originalité et une belle créativité permettent souvent de sortir de la mêlée. Il faut aussi être en mesure d'adopter le ton qui convient le mieux à la communauté ;

2/ entretenir des liens avec sa communauté, c'est aussi s'assurer sa fidélité et son engagement. Cela nécessite donc de répondre aux commentaires mais aussi aux messages privés reçus. Cela peut s'avérer long et fastidieux, mais le temps passé à répondre est nécessaire pour créer une communauté engagée.

Devenir une voix inspirante ne s'improvise donc pas. Se faire accompagner par une agence, c'est aussi avoir l'assurance de connaître les tendances, les nouveaux formats à tester, et de bénéficier d'un nombre de recommandations indispensables, mais aussi de résister aux intentions commerciales à tout-va. L'influenceur peut ainsi garder son authenticité et éviter de perdre son âme dans des collaborations qui ne lui correspondraient pas.

Les *do* et *don't* de l'influenceur

(Clémence)

Si le métier d'influenceur fait rêver, à juste titre, il est associé dans l'imaginaire du public à une profession relativement oisive. À travers les clichés postés ou les vidéos tournées, les influenceurs véhiculent l'idée d'un quotidien facile où tout n'est que cadeaux et expériences agréables. Or, atteindre une certaine notoriété, la maintenir et en vivre nécessite du travail, une assiduité et des choses à faire et à ne pas faire !

Les bonnes pratiques

1/ Travailler beaucoup

Cela va sans dire, le travail paye ! Derrière une photo Instagram ou une vidéo YouTube, il peut y avoir pour les influenceurs des heures de travail.

2/ Trouver une bonne ligne éditoriale (et s'y tenir)

Pour fidéliser sa communauté et qu'elle s'engage auprès des contenus publiés, il est important de trouver sa ligne éditoriale, de savoir de quoi on va parler… Et de s'y tenir au fil des mois et des années. Le risque, en changeant de sujet, c'est de perdre sa communauté qui aura envie de se désabonner ou de moins liker les contenus postés.

3/ Échanger avec sa communauté

Si les abonnés suivent un compte et interagissent avec le contenu, posent des questions ou commentent les posts, il est important que l'influenceur y réponde, même si cela peut prendre énormément de temps ! Interrogés, ils évoquent jusqu'à plusieurs heures par jour pour répondre à tous les messages privés reçus.

4/ Bien choisir ses partenariats

Dès lors qu'il décide de se professionnaliser, l'influenceur doit choisir des partenariats, certes rémunérateurs, mais aussi cohérents avec sa ligne éditoriale. S'il les accepte tous et devient une vitrine publicitaire, il risque de perdre sa communauté.

5/ Publier régulièrement

Publier régulièrement du contenu, faire des stories tous les jours sur Instagram est important à la fois pour les algorithmes qui privilégient les comptes actifs mais aussi pour les abonnés. Il y a de fortes chances qu'un influenceur peu régulier soit vite oublié.

6/ Bien s'entourer

Agent, amis, comptable… Mieux vaut être bien entouré lorsqu'on décide de se lancer dans une carrière d'influenceur !

7/ Se réinventer

C'est peut-être le plus difficile dans le métier. Pour continuer à exister et à susciter l'intérêt de sa communauté, l'influenceur doit faire face à un gros défi : se renouveler sans cesse, proposer des contenus différents au fil des publications à sa communauté.

8/ Avoir un crew[1] d'autres influenceurs

Bien s'entourer, c'est aussi créer des relations avec d'autres influenceurs. Échanger avec des personnes du même milieu permet de bénéficier de soutien et de conseils car, même si on peut l'oublier, l'influenceur est souvent seul derrière son écran.

9/ Assister aux événements importants

À l'instar des journalistes, les influenceurs sont invités à des événements. Objectif : découvrir de nouvelles marques, de nouveaux produits…

1. Une équipe, un groupe.

C'est aussi l'occasion pour eux de nouer des relations avec les responsables influence mais aussi les responsables marketing de certaines marques, avec lesquels ils auront peut-être l'occasion de travailler.

10/ Comprendre les enjeux des annonceurs

Pour répondre à un brief client, il est important de cerner la marque, ses enjeux et ses besoins.

Les choses à éviter

1/ Se mettre trop la pression (chiffres, commentaires négatifs)

C'est la règle de base, mais peut-être la plus difficile à suivre ! Il ne faut pas laisser les chiffres (nombre de likes, taux d'engagement...) ou les commentaires négatifs jouer sur son moral.

2/ Manquer de sincérité

La clé du succès ? Être naturel, selon les influenceurs interrogés et qui ont aujourd'hui de la notoriété.

3/ Accepter des contrats juste pour l'argent

Bien choisir ses partenariats implique de ne pas être trop gourmand financièrement. Ceux et celles qui n'acceptent des contrats que parce qu'ils sont juteux ne risquent pas de faire carrière longtemps. S'ils se mettent à vanter tout et n'importe quoi, il y a de fortes chances qu'il y ait à la clé des désabonnements !

4/ Trop se comparer aux autres influenceurs

Si cela peut être tentant, il faut rester soi-même un maximum et ne pas jalouser ni copier le style de ses pairs.

5/ Vouloir faire le buzz à tout prix

Le buzz est à éviter absolument ! Généralement, ce retentissement médiatique est de courte durée… Et on n'est jamais à l'abri d'un retour de bâton avec un bad buzz… Pour asseoir sa notoriété, il est important de construire sa communauté pas à pas.

6/ Collaborer avec des marques douteuses

Certains influenceurs ont été épinglés par la Direction générale de la concurrence, de la consommation et de la répression des fraudes (DGCCRF) pour leurs partenariats douteux avec des marques parfois interdites à la vente. Le cas de @Poupettekenza à l'été 2023, qui avait vanté les mérites d'un produit de blanchiment dentaire interdit à la vente en

France, en est un exemple[1]. Il est primordial pour les influenceurs de vérifier les marques avec lesquelles ils collaborent. Il s'agit d'un devoir vis-à-vis de leur communauté.

7/ Prendre la grosse tête

Le succès lié à l'influence a pu conduire certains à prendre la grosse tête ! Il est important de garder les pieds sur terre même lorsqu'on devient célèbre grâce à l'influence… On ne sait pas combien de temps va durer ce succès !

8/ Tout miser sur l'influence

La plupart des influenceurs qui vivent de leur création de contenu se sont aussi diversifiés : création d'une marque, travail en marque blanche, consulting ou encore création de contenu pour d'autres sont autant de possibilités de diversifier leur activité et de ne pas tout miser sur l'influence. Alors même qu'elle est l'une des plus grosses influenceuses françaises, Léna Mahfouf, a, par exemple, créé ses pop-up éphémères, les hôtels Mahfouf, ainsi qu'une gamme de vêtements et de déco dédiés.

1. « L'influenceuse Poupette Kenza condamnée à une amende de 50 000 euros », Lemonde.fr, 28 novembre 2023.

9/ Être non professionnel avec les marques

Cela peut sembler évident, et pourtant ! Encore plus lorsque l'on travaille à son compte et même si on a eu très peu d'expérience professionnelle, il y a certains impératifs à respecter, surtout pour que les collaborations perdurent : délais, bonne communication avec les marques et échange donnant-donnant.

10/ Ne pas être transparent sur les collaborations commerciales

Avec la loi du 9 juin 2023 qui vise à encadrer l'influence, il est plus compliqué de « flouer » les abonnés puisque tous les partenariats doivent être dorénavant mentionnés. Il est important de respecter cette mention par souci de transparence vis-à-vis de sa communauté.

Les écoles d'influenceurs

(Clémence)

Certains établissements se proposent aujourd'hui d'enseigner les règles du métier.

Si des modules de marketing d'influence existent depuis 2017 dans quelques écoles de communication, des formations plus poussées ont petit à petit vu le jour. Et pour cause : 92 % des marques ont intégré au sein de leur stratégie de communication des influenceurs, selon les chiffres du dernier baromètre 2023 de l'agence Reech.

En 2022, à Paris, la toute première école d'influence, Ffollozz, a ouvert ses portes et propose un cursus de cinq ans pour obtenir un diplôme en marketing d'influence reconnu par l'État. Le coût ? 7 500 euros par an. Au programme, des cours de communication et de droit, d'autres pour apprendre à s'exprimer devant la caméra du téléphone. Les débouchés sont multiples : travailler pour un influenceur, devenir agent ou influenceur. D'autres formations plus ou moins sérieuses sont nées depuis, sous différents formats, avec des cours en présentiel ou des formations en un mois en ligne – comme Influence Académie. Au programme : définir une stratégie de compte, développer une audience ou encore monétiser son activité. Avant de souscrire à ces nouveaux programmes en ligne, il est important de bien se renseigner en amont sur le sérieux de l'école afin d'éviter les arnaques. Ainsi, Ambaza, qui s'était revendiquée première école d'influenceurs en France en 2022[1], a, dès son ouverture, suscité

1. « Qu'est-ce qu'Ambaza, cette "première école d'influenceurs" qui suscite la polémique ? », Elle.fr, 18 juillet 2022.

la polémique, notamment pour ses promesses de formation avec, à la clé, l'assurance de gagner 20 K nouveaux abonnés et un salaire mensuel de 5 000 euros pour les créateurs de contenu. Le tout en seulement vingt-huit heures de formation par téléphone pour 1 200 euros[1] ! Aujourd'hui encore, le compteur Instagram de cette école n'affiche que près de 300 abonnés[2]. Étrange, pour un établissement spécialiste des réseaux sociaux.

D'autres formations plus originales ont été également développées, comme la Creator School. *Exit* les aspirants influenceurs, cette formation s'adresse aux créateurs ayant plus de 100 K abonnés. Partant du principe que 80 % des influenceurs se sentent seuls et n'ont aucun moyen de rencontrer d'autres créateurs ni de s'adresser aux marques ou de gérer le surmenage, Victor Habchy (@Victorhabchy), influenceur et directeur de l'école, souhaite pallier les manques qu'ils peuvent rencontrer au quotidien. Ce programme, basé sur des masterclasses, workshops et autres talks, a pour but de faire passer aux élèves la vitesse supérieure. Cette école associative ne coûte que 39 euros par mois et ses adhérents bénéficient d'un accès à un

1. « Qu'est-ce qu'Ambaza, cette "première école d'influenceurs" qui suscite la polémique ? », *Elle*, 18 juillet 2022.
2. Chiffre constaté au 5 mars 2024.

espace de coworking, à une salle de conférences et à des salles de réunion. Elle constitue un vrai réseau d'entraide et de soutien pour les créateurs de contenu qui ne désirent pas intégrer une agence pour gérer leurs contrats et maintenir une certaine indépendance. « Avec cette école, nous souhaitons toucher les créateurs de contenu qui aspirent à se professionnaliser mais qui n'y connaissent pas grand-chose. Contrairement aux agences, nous n'avons aucun intérêt économique avec eux. Nous avons un regard bienveillant. Avec plus de recul, les créateurs peuvent échanger entre eux et partager leurs différentes problématiques[1] », explique Victor Habchy.

Le métier étant encore tout nouveau, et les aspirants, de plus en plus nombreux, de nouvelles initiatives voient le jour. C'est le cas de Créateur Impact, formation créée par Galo Diallo, P.-D.G. de Smile Conseil (et vice-président de l'Umicc[2]), une agence représentant des top créateurs (tous plus de 1 M d'abonnés) engagés à l'instar des très inspirants Sally (@Crazysally) et Riadh (@Justriadh). La première édition est réalisée en collaboration avec Les Déterminés, association qui vise à développer l'entrepreneuriat en banlieue et dans les

1. Entretien avec les autrices, octobre 2023.
2. Union des métiers de l'influence et des créateurs.

milieux ruraux. La mission de Créateur Impact est simple : accompagner de jeunes influenceurs (moins de 30 ans et 5 K abonnés au minimum) et leur fournir de solides connaissances propres au secteur mais également des compétences transverses. Comme l'explique Galo Diallo : « Cette formation a vraiment pour but d'accompagner les créateurs qui se lancent, pour qu'ils évoluent dans la bonne trajectoire[1]. » Mais l'enjeu est également de les aider à « définir leur engagement ». Pour cet entrepreneur à succès, nous avons tous, à notre échelle, la possibilité de porter une cause ou un engagement et c'est la somme de ces voix qui fera bouger les lignes.

L'avenir de l'influence, comme d'autres métiers, est sans nul doute dans la pédagogie et la responsabilisation des acteurs.

Comment garder les pieds sur terre ?

(Clémence)

Les influenceurs se sont peu à peu imposés au cœur de notre société comme de véritables leviers

1. Entretien avec les autrices, février 2024.

pour les marques, en lieu et place des journalistes, si bien que celles-ci sont prêtes à tout pour les « séduire » et leur faire vivre des expériences uniques afin qu'ils les citent en stories ou dans un post. Leur audience et leur influence, à travers leurs prises de parole et leurs taux d'engagement, entraînent parfois certaines dérives, notamment comportementales. Si notre objectif ici n'est pas de citer des noms, cette « drague » à tout prix de la part de certaines marques a pu, chez quelques influenceurs, conduire à une certaine déconnexion de la réalité…

« Ce phénomène n'est pas uniquement lié aux influenceurs, observe Olivier Duris, psychologue clinicien, spécialisé dans le suivi des enfants-adolescents et dans l'usage des écrans et de la médiation numérique. Certes, ce métier peut pousser cet aspect "grosse tête", mais tous les métiers qui attirent le regard et l'émerveillement de l'autre peuvent faciliter ce phénomène. C'est aussi le cas, par exemple, pour les acteurs ou les musiciens. Toutefois, ce n'est pas systématique : cela dépend du rapport que l'on a avec soi-même. Cela peut montrer des failles narcissiques chez la personne si elle surinvestit sa représentation de soi, son image. Voir un psy dans ce cas-là est intéressant pour faire un travail sur soi parce que ce comportement de "grosse tête" peut être lié à une fragilité narcissique. [...] Quand, à la base, on n'est pas trop sûr de soi, il y a un risque de surinvestir l'image que l'on renvoie et de se trouver génial parce que cela permet une réassurance. C'est important de faire attention à cela, d'où l'intérêt d'un accompagnement[1]. »

Ce comportement, le streamer Billy a décidé de le tourner en dérision. Connu essentiellement sur les plateformes Twitch et TikTok, l'influenceur a posté une série de vidéos où il se met en scène avec humour, tentant d'abuser de privilèges liés à son statut : essayer d'avoir des vêtements gratuits face à une vendeuse qui ne le (re)connaît pas, abuser du livreur UberEats[2]... Objectif : sous couvert d'humour, mettre en exergue les dérives et les comportements déplacés de certains influenceurs.

En 2021, lors d'une interview au magazine féminin *Oh My Mag*, la jeune influenceuse @Romane (plus 770 K abonnés sur TikTok et plus de 420 K sur Instagram) dénonçait les tiktokeurs qui avaient pris la grosse tête : « Il y en a qui se prennent pour je ne sais pas qui. Pour ma part, je ne pense pas [être comme ça], même si je ne me vois pas[3]. »

---

1. Entretien avec les autrices, décembre 2023.
2. https://www.tiktok.com/@lemeilleurdunet_/video/7242245970526768411.
3. https://www.tiktok.com/@ohmymag/video/7027116318956522757.

L'audience sur les réseaux sociaux est responsable de cette dérive de certains influenceurs. Très concentrés sur leur image et leur apparence, ces créateurs de contenu ont des comportements de célébrité et s'attendent à recevoir un traitement privilégié, que ce soit de la part des marques avec lesquelles ils collaborent ou des endroits où ils se rendent. Ils peuvent alors se permettre des comportements inappropriés : arriver en retard à des rendez-vous professionnels, se montrer très critiques vis-à-vis de collaborateurs comme des photographes ou maquilleurs, ou bien exiger des nuits d'hôtel ou des repas gratuits en raison de leur influence. Malgré leur audience, ces comportements peuvent les desservir et dissuader les marques de collaborer avec eux en raison de leurs exigences de diva. Les montants importants de certaines collaborations peuvent participer à cette « déconnexion », à ces dérives et ces comportements de « grosse tête » qui jettent parfois l'opprobre sur l'ensemble de la profession.

LES REVERS DE LA MÉDAILLE

Un sentiment d'illégitimité

(Clémence)

Au quotidien, ceux qui vivent de l'influence ne comptent pas leurs heures pour produire un contenu de qualité, tant vis-à-vis des marques que de leur communauté. Il n'empêche que pour le grand public, l'influenceur est oisif. Pourtant, selon la dernière étude Reech publiée en 2023, les abonnés ont révélé avoir une image d'eux plutôt positive. En effet, les sentiments éprouvés envers les créateurs et créatrices sont largement bienveillants. Si la majorité des interrogés éprouve de la sympathie envers eux (61 %), des sentiments plus engagés telles la confiance (43 %) et l'admiration (41 %) sont aussi très présents. Le premier sentiment négatif, l'indifférence, ne culmine qu'à 10 %, tout comme la jalousie (3 %) et le mépris (2 %).

Ces chiffres contrastent cependant avec une autre étude[1], publiée également en 2023, qui révèle que

1. « Influenceurs : la crise de confiance ? », juin 2023, Observatoirecetelem.com.

70 % des Français ont une mauvaise image des influenceurs. En cause, notamment, l'argent facile souvent associé à ce métier. La plupart du temps, c'est à cette réalité que sont confrontés les créateurs, au point de ne pas dire ce qu'ils font dans la vie.

« Beaucoup de personnes associent mon métier à la téléréalité, confie @Emiliebrunette. Quand je dis ma profession, on me prend souvent pour une femme sandwich qui va donner des codes promo à longueur de posts. Je suis bien plus que ça : j'écris des livres, crée des podcasts, une marque de vêtements… Je n'ai pas l'impression de n'être qu'une influenceuse. Désormais, quand on demande ce que je fais dans la vie, je dis que j'ai une agence de communication digitale. Je trouve que le terme "influenceur" ne me correspond pas[1]. »

Ce constat, Megan (@Meganvlt), le partage : « C'est un métier qui fait parler, avec beaucoup de clichés. Ce n'est pas facile de devoir chaque fois défendre sa profession, l'expliquer, rétablir des vérités. Je ne dis pas toujours que je suis créatrice de contenu, tout dépend de qui j'ai en face de moi[2]. »

Dans les colonnes de *Paris Match*, l'influenceuse et créatrice de la marque Rouje, Jeanne Damas, confiait

1. Entretien avec les autrices, février 2023.
2. Entretien avec les autrices, septembre 2023.

elle aussi ressentir parfois ce manque de légitimité : « Je souffre encore un peu du syndrome de l'imposteur, car je n'ai pas fait d'études. Cela dit, je n'ai jamais eu peur de m'affirmer ni de refuser une proposition qui ne me plaisait pas[1]. »

La nouveauté de ce métier et le fait que les formations ne soient pas encore reconnues engendrent aussi parfois ce manque de crédibilité auprès du grand public. Mais ce fossé devrait se réduire dans les années à venir, une fois la profession ancrée dans la société.

Le harcèlement en ligne, un fléau et une réalité pour les influenceurs

(Clémence)

Selon une étude menée par e-Enfance en 2022[2], plus d'un jeune adulte sur deux a déjà été victime de cyberharcèlement. Non sans conséquences : dans cette même étude, 69 % des jeunes adultes victimes de harcèlement en ligne ont déclaré avoir été sujets à des insomnies, des troubles de l'appétit ou du

1. Margaret Macdonald, « Jeanne Damas : profession Parisienne », 30 août 2020, Parismatch.com.
2. Source : https://e-enfance.org/plus-d1-jeune-adulte-sur-2-a-deja-ete-victime-de-cyberharcelement.

désespoir, 51 % ont failli tomber dans des comportements d'addiction (alcool ou drogue) et 49 % reconnaissent avoir pensé au suicide.

« Il faut faire un travail auprès des victimes pour qu'elles se considèrent comme telles et qu'elles demandent de l'aide. Dans une situation de harcèlement en ligne, la communauté peut accompagner, aider si elle est suffisamment prévenue. Pour les victimes de harcèlement, il ne faut pas oublier que, dans ce genre de situation malheureusement, c'est le temps qui efface les choses. Il est important de se reconnaître en tant que victime, car une victime, c'est quelqu'un qui a besoin d'aide. S'identifier comme quelqu'un qui vit une situation de harcèlement et donc "d'agression", c'est comprendre que l'on n'est pas en tort. Ce travail doit être fait en amont pour éviter le pire[1] », analyse Olivier Duris, psychologue clinicien, spécialisé dans le suivi des enfants et adolescents et dans l'usage des écrans et de la médiation numérique.

En réalité, les influenceuses sont bien plus nombreuses à être victimes de cyberharcèlement que leurs homologues masculins. En mai 2022, @Lénasituations a été victime de cyberharcèlement après avoir monté les marches du festival de Cannes pour la première de

1. Entretien avec les autrices, décembre 2023.

la série *The Idol.* La robe signée Vivienne Westwood qu'elle portait a déclenché un flot de commentaires grossophobes sur les réseaux sociaux. Victime de bodyshaming[1], la créatrice de contenu a répondu à ses détracteurs en postant ce message en story : « J'ai toujours été plus ou moins à l'aise avec mon corps… jusqu'à ces derniers mois. J'ai pris du poids, j'en suis consciente, ma morphologie a changé, j'en suis consciente mais Internet s'en est rendu compte avant moi et souhaite bien le partager. […] Depuis jeunes, on nous projette tellement un corps idéal, un style idéal dès que je ne rentre plus dans mon 36 je reçois des "tu manges bien à la cantine" ou "félicitations pour le bébé". […] J'espère que le recul et le futur ne nous amèneront que du love. Moi, je vous envoie du love. »

Ce n'est pas la première fois que la jeune femme partage le cyberharcèlement dont elle est victime. Dans une vidéo YouTube sortie en juillet 2022, sobrement appelée « Les chiens aboient, la caravane passe », elle évoquait déjà le harcèlement en ligne qu'elle subissait et qui l'avait conduite à produire cette année-là beaucoup moins de contenu YouTube. Dans cette vidéo aux plus de 2 M de vues, l'influenceuse raconte les épisodes de cyberharcèlement qu'elle subit, comme lorsqu'elle a préféré partir en vacances avec son petit

1. Humiliation due aux caractéristiques corporelles.

ami (le youtubeur @Seblafrite) à Los Angeles alors qu'elle était invitée à la cérémonie de remise du Ballon d'Or. Cette révélation avait déclenché une vague d'insultes sur les réseaux sociaux[1].

@Lénasituations est loin d'être un cas isolé. Manon Lanza, youtubeuse et surfeuse, dénonçait ainsi en septembre 2023 le harcèlement dont elle a été victime à la suite de son accident lors du GP Explorer. La jeune femme avait, à l'époque, reçu une déferlante de messages haineux et sexistes sur les réseaux sociaux et tout particulièrement sur X.

Dans le documentaire *Je vous salue salope. La misogynie au temps du numérique* de Guylaine Maroist et Léa Clermont-Dion, la créatrice de contenu Marion Séclin est, elle aussi, revenue sur les messages de haine reçus sur les réseaux sociaux. En deux mois, la jeune femme a fait l'objet de 40 K menaces de mort ou de viol, des insultes et des incitations au suicide. Sur des forums, elle a même eu accès à des guides conçus pour la harceler.

La violence sur les réseaux sociaux pourrait être requalifiée de risque professionnel pour les créateurs de contenu. Axel (@Axelenvrai) a mis en place une stratégie de dissociation entre sa vie de créateur et sa

1. www.youtube.com/watch?v=Rfr8FdKyNK4.

vie in real life : « Quand je reçois des commentaires publics ou des DM négatifs, pour l'instant j'ai suffisamment confiance en moi pour que l'avis de Jean-Michel anonyme n'atteigne pas trop ma vie réelle. Ça ne touchera jamais autant que mon cercle proche. Je suis Hannah Montana moi, j'essaie de segmenter les deux[1]. »

Le cyberharcèlement est un délit. Un projet de loi visant à sécuriser et réguler l'espace numérique (Sren) a été approuvé en première lecture par le Sénat en octobre 2023. Il promet notamment de mieux lutter contre le cyberharcèlement. Pour l'heure, les auteurs de harcèlement en ligne risquent une peine de prison pouvant aller jusqu'à deux ans d'emprisonnement et une amende de 30 000 euros. Un numéro national (30 18) pour les victimes de violences numériques est disponible gratuitement tous les jours de 9 heures à 23 heures.

1. Entretien avec les autrices, septembre 2023.

L'APRÈS

Peut-on être influenceur toute sa vie ?

(Clémence)

Pour beaucoup de créateurs, la question de l'avenir est centrale. Le caractère immature du secteur rend les prédictions hypothétiques... Ultra-influents sur la Toile ou novices, les influenceurs pourront-ils vivre de la création de contenu toute leur vie ? Si certains ont d'ores et déjà décidé de multiplier les activités parallèles à leur carrière d'influenceur, pour d'autres, l'incertitude qui entoure ce métier les conduit à réfléchir à sa pérennité.

Certains influenceurs ont aussi vu leur carrière ralentir. Le cas de Betty Autier (@Bettyautier) est intéressant. Elle a été, au milieu des années 2010, la blogueuse mode (puis instagrameuse) la plus suivie et la plus influente en France et reconnue à l'international. Aujourd'hui moins présente sur ses réseaux sociaux, Betty Autier a publié un livre autobiographique et multiplié les collaborations créatives, notamment avec la marque Lancaster. Si, après de nouvelles collaborations, avec Vanessa Wu en 2022 ou Bourjois en 2019, elle continue de lancer des projets (une marque de beauté Pinker ou encore une boutique en ligne vintage), son succès n'est plus le même qu'auparavant. Elle est toujours suivie par plus de 1 M d'abonnés sur Instagram, mais l'influenceuse a fait en 2021 une pause de six mois sur les réseaux sociaux. Elle a annoncé son retour en lançant une chaîne YouTube et en expliquant son silence à sa communauté… Les contenus ont depuis été effacés : « J'avais besoin de reprendre mes distances. De ne plus avoir de pression. De prendre du temps pour moi, pour Mars [son enfant]. » Face aux nombreux commentaires déplacés sur son poids et son physique, la jeune maman avait décidé de faire ce break. « J'ai choisi de disparaître et je me suis dit : “Tu reviendras quand tu seras bien, quand tout sera apaisé et réglé.” » Depuis, même si les abonnés sont toujours au rendez-vous, la créatrice de contenu n'a plus la même aura auprès des marques qu'il y a dix ans.

Romane s'est retrouvée influenceuse un peu malgré elle. Il y a dix ans, alors qu'elle est amie avec une youtubeuse qui affiche déjà 1 M d'abonnés à son compteur, la jeune femme apparaît régulièrement dans ses stories. « Ses abonnés ont commencé à m'écrire en espérant la toucher à travers moi. J'ai commencé à gagner des abonnés et, naturellement, les marques m'ont approchée. J'ai ensuite participé à une émission de téléréalité, ce qui m'a lancée véritablement dans l'influence entre 2018 et 2021[1]. » Si son expérience d'influenceuse lui a permis de vivre de folles aventures, comme un voyage au Japon qui l'a beaucoup marquée, après trois ans d'activité et à 21 ans seulement, elle a décidé d'arrêter. Son compte Instagram existe toujours et affiche encore aujourd'hui plus de 100 K abonnés, mais il n'est plus alimenté. La mise en scène du quotidien, la mise en avant de produits ne lui permettaient pas de s'épanouir dans cette carrière de créatrice de contenu.

@Deedeeparis ne se cache pas d'un certain pessimisme : « J'espère pouvoir exercer ce double métier d'influenceuse et de consultante en stratégie digitale le plus longtemps possible car les deux m'animent et me font vibrer. Mais je ne sais pas si je serai capable de le faire encore très longtemps au vu de l'évolution du marché qui a de plus en plus d'exigences qui, à mon sens, sont antinomiques[2]. »

---

1. Entretien avec les autrices, septembre 2023.
2. *Ibid.*

Pour Rémy Oudghiri, si un influenceur souhaite le rester tout au long de sa carrière « tout dépend un peu du talent. Beaucoup sont devenus influenceurs par hasard. Ils ont commencé à faire des vidéos, ils trouvaient ça marrant. Mais quand on commence à monétiser son contenu, on rentre dans le jeu pervers de faire du buzz et de toucher le public. On peut alors faire un peu de sensationnalisme. Beaucoup ont d'ores et déjà disparu du paysage car il faut tenir sur la longueur[1]. »

Continuer à être suivi par sa communauté demande un travail constant, de se renouveler en permanence. Ceux qui gardent leurs nombreux abonnés sont finalement ceux qui ont le plus de talent.

L'influence, un tremplin vers un autre métier

(Clémence)

On l'a vu, faire connaître sa nouvelle activité quand on a déjà quelques milliers d'abonnés est plus facile. Ils sont donc nombreux à avoir lancé, en parallèle de leur présence sur les réseaux

1. Entretien avec les autrices, novembre 2023.

sociaux, une marque, souvent une boutique en ligne.

Créer une entreprise est l’occasion de se présenter sous un nouveau visage, tant celui de l’influenceur peut s’accompagner d’un jugement négatif. Pour autant, le succès n’est pas toujours au rendez-vous, même quand on a des milliers d’abonnés et que l’on a eu pour habitude de collaborer avec des marques. Ne s’improvise pas entrepreneur qui veut !

Mais la création de marque n’est pas la seule option. En construisant leur notoriété sur les réseaux sociaux seuls, les créateurs de contenu ont développé des compétences bien utiles dans d’autres domaines. Ils ont notamment une bonne compréhension du marketing numérique, des médias sociaux. C’est pourquoi certains n’hésitent pas à faire du consulting auprès des marques pour les aider à développer leur visibilité sur la toile. Ils ont en effet appris à créer du contenu engageant et à interagir avec leurs abonnés.

D’autres ont pu, grâce à leur notoriété, accéder à d’autres projets. En voici quelques exemples.

@Squeezie et sa BD Bleak

Le youtubeur s'est lancé dans la bande dessinée en coécrivant *Bleak*, inspirée de ses vidéos thread horreur. Les deux premiers tomes, qui retracent chacun trois histoires, sont disponibles en librairie depuis 2022.

Jeanne Damas : actrice et mannequin

L'influenceuse, qui a créé sa marque Rouje, n'a pas seulement transformé sa notoriété en marque de prêt-à-porter. Mannequin pour des marques comme Jacquemus à ses débuts ou encore pour la marque de lingerie Yasmine Eslami, celle qui incarne le style de la Parisienne par excellence s'essaie aussi à la comédie. Après avoir joué en 2020 dans le film *La Sincérité* de Charles Guérin-Surville, elle est à l'affiche de *Kaiser Karl*, série retraçant la vie de Karl Lagerfeld et dont la sortie est prévue sur les écrans en 2024.

Paola Locatelli : actrice

Cette youtubeuse s'est fait connaître en 2016 à l'âge de 12 ans en publiant des vidéos sur la plateforme. Son succès sur les réseaux lui a permis de faire ses premiers pas sur le petit écran. En 2022, elle est le personnage principal du film *Les Liaisons dangereuses* de Rachel Suissa diffusé sur Netflix, puis elle apparaît dans la mini-série *Chair tendre* de Yaël Langmann et Jérémy Mainguy. En 2023, elle joue également dans la série Netflix de Nawell Madani, *Jusqu'ici tout va bien*.

Marie Lopez : de l'influence à la présentation télé

@Enjoyphoenix s'est fait connaître grâce à sa chaîne YouTube qu'elle a créée en 2011 et dont le succès ne faiblit pas. En 2023, près de 3,7 M d'abonnés continuent de suivre ses vidéos. Grâce à son influence, la créatrice de contenu a pu faire ses premiers pas à la télévision. Elle est apparue dans l'émission de TF1 *Danse avec les stars*, puis a présenté deux émissions : *Soy Luna : le mag* sur Disney Channel en 2016 et *En route vers le meilleur pâtissier* en 2019 sur 6play et les plateformes internet du groupe M6.

Évidemment, il ne suffit pas d'être connu pour pouvoir devenir auteur ou acteur… Comme pour tout, il faut aussi une dose de talent ! Jeanne Damas, par exemple, a pris des cours de théâtre, plus jeune, @Squeezie a déjà démontré quant à lui sa créativité sur YouTube…

La première génération de créateurs, souvent des Millénials, ne se projetait en général pas vraiment au-delà de l'influence. Pouvoir vivre de ce qui n'était au départ qu'une passion était déjà une révolution. Il n'en va pas forcément de même pour leurs cadets numériques. Nés avec les réseaux sociaux, certains de ces jeunes influenceurs envisagent dès le départ leur présence sur les plateformes comme un tremplin vers une seconde carrière. Il s'agit d'une évolution intéressante du métier, où l'influence est davantage considérée comme un moyen que comme une fin en soi. C'est le cas notamment de Charles Sterling qui, fraîchement diplômé d'une école de commerce, s'est lancé sur TikTok. En cinq mois seulement, il a gagné 1,2 M d'abonnés sur la plateforme en créant du contenu sur l'économie. Mais ce n'est pas son premier métier : il est, en effet, en CDI la journée dans un cabinet de conseil. TikTok est, pour le jeune homme, une façon de promouvoir son métier et d'utiliser l'influence comme un tremplin dans sa carrière. Il n'est pas le seul à avoir allié les deux : Antonin, Wallerand, Sixtine et Jules ont lancé leur média, Le crayon, alors qu'ils étaient encore étudiants. Aujourd'hui, en un peu plus de trois ans, la success-story est au rendez-vous, puisqu'en plus de leur média destiné aux jeunes, ils ont lancé deux agences autour des réseaux sociaux. Grâce au succès du Crayon, les quatre fondateurs ont transformé leurs pages Instagram en véritable vitrine de leur média.

Le burn-out des influenceurs

(Clémence)

Selon une étude réalisée par Opinion Way en 2022, la détresse psychologique toucherait 41 % des salariés, dont 14 % à un taux élevé. En outre, 34 % des salariés français seraient en burn-out, et parmi eux, 13 % en burn-out qualifié de « sévère » (soit plus de 2,5 millions de personnes)[1]. Le métier d'influenceurs ne fait pas exception à cette souffrance psychique au travail. Le burn-out se traduit par un état d'épuisement physique, mental et émotionnel qui se transforme en stress chronique. Les influenceurs peuvent éprouver cette détresse psychique pour plusieurs raisons : la pression constante de produire du contenu, l'exposition aux remarques négatives, le harcèlement, les bad buzz.

Romane a décidé d'arrêter sa jeune carrière d'influenceuse malgré ses 100 K abonnés et les expériences enrichissantes et extraordinaires que lui permettait de vivre l'influence. « Je me suis retrouvée dans ce milieu sans le vouloir, j'ai saisi l'opportunité, mais cet univers ne me ressemblait pas vraiment. J'ai commencé à faire de

1. https://empreintehumaine.com/wp-content/uploads/2022/07/BT10-Infographie-1-1.pdf.

plus en plus attention à mon image, j'étais stressée dès que je ne pouvais pas poster une photo. C'est devenu nocif pour moi : je passais clairement beaucoup trop de temps sur Instagram. C'est aussi devenu un cercle vicieux : je répondais aux DM car je me sentais reconnaissante que ma communauté me suive et je me sentais un peu obligée d'alimenter mon compte. J'ai arrêté car je me suis rendu compte que je préférais largement vivre des moments sans mon téléphone et loin des réseaux qu'être obnubilée par les publications. Les réseaux sociaux, c'est vrai que cela peut être nocif : mais en prenant du recul et en s'entourant des bonnes personnes, en étant sur les plateformes pour les bonnes raisons et en créant du contenu car on aime ça et non par obligation, on peut s'y épanouir[1]. »

Présente depuis très longtemps sur les réseaux sociaux, @Emiliebrunette, quant à elle, rêve d'une vraie détox. « J'aimerais vraiment le faire car je pense que sinon, à un moment donné, tu deviens folle. Parfois, je ferme les réponses à mes messages privés sur Instagram car je ne veux pas que ma communauté m'écrive pour tout et n'importe quoi. C'est pour le moment la seule détox que je

1. Entretien avec les autrices, septembre 2023.

m'autorise. J'ai peur que si je m'arrête un peu, Instagram me rende aussi moins visible[1]. »

Dans une interview menée par Hugo Décrypte et sortie sur YouTube début janvier 2024, le créateur de contenu @Squeezie a, lui aussi, évoqué ce burn-out que peuvent ressentir certains influenceurs. « Beaucoup de créateurs ont peur de se faire oublier s'ils sont moins présents, s'ils ne s'imposent pas ce fameux rythme diabolique. [...] Ils ont peur de tout perdre en étant moins actifs. [...] C'est plus aujourd'hui notre corps qui nous fixe la limite. Il faut qu'on arrive à trouver un équilibre[2]. »

C'est ce manque de cadre autour de la profession qui entraîne ces dérives. Les créateurs de contenu travaillent souvent seuls, chez eux, et peuvent donc être parfois un peu isolés. Cette solitude peut avoir un effet néfaste. Pour le psychologue clinicien, Olivier Duris, les réseaux sociaux peuvent entraîner « des angoisses d'envahissement. C'est le problème de ce métier-là, avec cette frontière fine entre l'intime et le travail. Il est important de se fixer des limites et de savoir jusqu'où aller. Une fois que l'on a un cadre, on peut plus facilement

1. Entretien avec les autrices, février 2023.
2. www.youtube.com/watch?v=f4R1CzyUBng.

réagir face à certaines demandes. Comme tout autre emploi, ce métier peut entraîner un risque de burn-out qui arrive quand la demande devient trop envahissante et qu'on ne sait plus où donner de la tête et qu'on ne tient plus tout le poids sur ses épaules. Plus la communauté est grande, plus l'injonction devient importante. Il faut apprendre à s'autoriser des coupures[1] ».

Cette exposition sur les réseaux sociaux peut induire une fatigue et un épuisement moraux. La déconnexion quasi impossible et la pression ressentie par les créateurs de contenu ne sont donc pas sans conséquences.

1. Entretien avec les autrices, décembre 2023.

Troisième partie

LES INFLUENCEURS DANS LA SOCIÉTÉ

LES AGENCES D'INFLUENCEURS

Le métier d'agent

(Émilie)

Tout autant que le métier de créateur de contenu, la fonction d'agent d'influenceur est très récente. Née il y a moins de dix ans, la profession connaît une forte croissance. Il existe peu de sources chiffrées quant à leur nombre, notamment car on ne disposait d'aucune définition juridique spécifique à cette activité avant la loi du 9 juin 2023, qui a permis la création d'un statut pour les créateurs mais également pour leurs agents. On peut néanmoins estimer leur nombre à plusieurs centaines si l'on se base sur le chiffre de 150 000 influenceurs actifs en France sur les réseaux sociaux. Parmi ceux-ci, on estime qu'environ 20 %, soit 30 000, sont représentés par une agence. Cependant, ce chiffre est probablement sous-estimé. En effet, il ne prend pas en compte les créateurs qui collaborent avec des agents indépendants, ou représentés par des agences étrangères.

Quel est le rôle d'un agent d'influenceur ? En premier lieu, il est l'interface entre le créateur et les clients qui souhaiteraient travailler avec lui. Sa première mission est de veiller aux intérêts financiers et d'image de son « talent », terme consacré pour désigner le créateur dans le secteur. Il le conseille donc quant au format des partenariats, et se renseigne sur les annonceurs proposant une collaboration. Un manque de discernement sur les réseaux peut se payer très cher et provoquer un bad buzz et des désabonnements en masse. Un brief trop commercial, trop strict, implique une production de contenu décevante. Dans ce type de situation, l'agent doit négocier et être force de proposition afin d'inviter le client à plus de souplesse.

Il doit également veiller à ce que son talent ne soit pas associé à des marques et des enseignes crapuleuses (dropshipping – une pratique qui consiste à mettre en vente des articles que le vendeur n'a pas en stock –, contrefaçon, arnaques…) ou dont la réputation est plus que discutable ou en désaccord avec ses propres valeurs. À l'instar de cette créatrice de plus de 300 K abonnés sur Instagram qui a publié un post vantant les mérites de Bayer, sans savoir (dit-elle) que le groupe pharmaceutique et agrochimique allemand avait racheté Monsanto en 2018. Outre la question éthique, la réputation du talent est mise en péril et il est du devoir de l'agent de la protéger. Il est également là pour le conseiller sur sa stratégie de rémunération et de diversification d'activité. Enfin, il doit être capable de lire, établir et négocier les contrats de partenariats, tout en se tenant au courant de l'évolution de la législation.

Véritable business partner pour son talent, l'agent doit prendre en charge les différents aspects commerciaux, juridiques et administratifs de sa carrière afin qu'il puisse se concentrer sur le cœur de son métier.

Quelles sont les qualités d'un bon agent ?

(Émilie)

La capacité de négociation implique d'être à l'aise avec la notion de rémunération, de savoir peser les forces en jeu et d'avoir une vision claire des intérêts de son client. Parfois, il faut avoir le courage de refuser certaines marques, mais aussi de dire à son talent qu'il fait fausse route et qu'il lui faut se remettre en question. Savoir écouter les moments de doute, d'indécision, voire de peine est essentiel. Agent n'est pas un métier comme un autre. Faire preuve de force tranquille, savoir rester calme et diplomate en toutes circonstances est un atout précieux.

Pour un créateur, confier sa carrière et sa survie économique à un tiers est un choix stratégique. La relation est bien entendu contractualisée, et l'agent doit se montrer intègre et à la hauteur de la confiance donnée. Être agent implique d'être régulièrement en opposition ouverte avec la partie adverse ; il faut être à l'aise avec le conflit, savoir rester serein et ne pas impliquer d'*ego*. Pressentir le talent d'une personnalité avant même le succès est également une compétence clé pour un agent. Il faut savoir miser sur l'avenir.

Tour à tour manager, commercial, psychologue, assistant personnel, coursier, chef d'entreprise, l'agent doit faire montre de beaucoup de compétences même s'il n'a pas besoin d'avoir fait de grandes études. Une bonne connaissance des réseaux et du marketing d'influence est un plus, mais il faut surtout et avant tout aimer s'occuper d'autrui.

La rémunération de l'agent d'influenceur

(Émilie)

À l'instar d'un agent d'acteur ou d'actrice, l'agent d'influenceur est le plus souvent rémunéré en pourcentage des collaborations qu'il gère pour son talent. Certains néanmoins, plus rarement, sont payés « au forfait ». L'agent touche un pourcentage plus important lorsqu'il est à l'initiative des collaborations – il est alors apporteur d'affaires – que quand il gère seulement les demandes « entrantes », à savoir adressées directement à son client.

La série *Dix pour cent* a largement contribué à faire connaître le métier d'agent et à populariser ces acteurs de l'ombre. Dans l'imaginaire collectif, la commission d'un agent est de 10 %, à l'instar de ses homologues du cinéma. Dans le domaine de l'influence, le pourcentage, souvent plus élevé, varie généralement entre 15 et 35 % (fourchette de commission la plus commune mais non exhaustive). On doit cette différence aux montants des transactions, beaucoup plus faibles, et à leur volume, plus important que dans des secteurs comme le sport ou le cinéma. « Au sein de l'agence, nous facturons 15 % à nos talents en exclusivité lorsque la demande leur est déjà directement adressée par un client et 20 % lorsque l'agence est apporteur d'affaires[1] », explique Léa Dulac, talent manager à l'agence Quarks. Le portefeuille de clients des agents qui ne sont pas indépendants, et qui travaillent donc au sein d'une agence, appartient à leur employeur.

Ce nouveau métier de talent manager attire de plus en plus de jeunes et les cours spécialisés se multiplient dans les écoles de commerce. Certains se sont même lancés dans des formations spécifiques. Néanmoins, il est important pour tous les jeunes aspirants agents d'être formés aux métiers de la communication en général car le métier ne permet pas aujourd'hui encore d'évolution de carrière et peut constituer une voie sans issue si l'activité n'est pas complétée par des expériences en agence de communication ou au sein d'une marque, de planning stratégique ou de chefferie de projet. Il est conseillé, avant de se lancer, d'avoir déjà un réseau solide et une excellente connaissance du marché du marketing d'influence.

1. Agence de créateurs de contenu engagés, dirigée par l'une des autrices.

Relation avec les influenceurs

(Émilie)

Le métier d'agent est avant tout humain car il demande de maintenir de bons rapports avec les marques et les agences qui constituent la partie « client », et d'instaurer une relation de proximité et de confiance avec son talent. Il faut en effet être proche de son client pour être capable de l'orienter dans ses choix, mais aussi pour lui indiquer qu'il fait fausse route en cas de besoin. Certaines agences ont d'ailleurs scindé la fonction en deux postes : l'un, plus commercial, avec des chefs de projets chargés de la relation « marque » – ils négocient et sont responsables de la bonne conduite de la campagne – et l'autre, plus relationnel. Pour ces agents, le travail consiste à accompagner le talent à l'ensemble des événements – shooting, rendez-vous client – afin de s'assurer que tout se déroule au mieux pour lui et le client. Ils sont également présents pour le créateur à la façon d'assistants personnels. Une véritable relation se noue alors.

Louise Brouard, agent indépendant depuis 2019 et représentant treize talents explique : « La relation que j'ai avec les filles va au-delà d'une simple relation professionnelle, je les connais presque par cœur et inversement. Beaucoup sont aujourd'hui devenues de vraies amies, et elles sont toutes des personnes chères à mon cœur. Le business, c'est une chose, mais la relation agent-créatrices de contenu va au-delà et c'est la richesse de nos métiers aujourd'hui[1]. »

Le métier d'influenceur est incarné, il implique d'être à la fois une personnalité et un média, et donc une entreprise. Pour l'agent qui l'accompagne, la ligne est tout aussi fine entre le personnel et le professionnel. Il peut être compliqué de garder une distance lorsque l'on échange avec quelqu'un davantage qu'avec sa propre famille. Il est néanmoins crucial de ne pas construire une relation passionnelle afin de garder le recul nécessaire à un accompagnement de qualité.

Bien entendu, tous les agents et tous les talents ne souhaitent pas instaurer ce type de relation, à la frontière de l'amitié. Il existe même des solutions technologiques qui ont automatisé la mise en relation entre marques et créateurs de contenu, à l'image de la plateforme Reech.

Les exemples de talents peu bienveillants envers leur manager ne sont pas rares. Des messages envoyés à toute heure du jour ou de la nuit, un ton

1. Entretien avec les autrices, février 2024.

parfois rude, des demandes irréalisables : le secteur de l'influence n'échappe pas aux personnalités nocives. Certains créateurs de contenu se rendent coupables du syndrome de la grosse tête, rendant ainsi toute collaboration avec eux très pénible.

L'exclusivité est également un paramètre important entre un agent et son talent. Sur ce point, il existe différents types de pratiques. Certaines agences demandent l'exclusivité commerciale, c'est-à-dire que toute collaboration commerciale doit être traitée par l'agent, quand d'autres ne l'imposent pas. De la même manière, il existe des agences qui concluent des partenariats pour des talents sans exclusivité de représentation, ce qui signifie que le talent reste indépendant et peut être représenté par une autre entité, voire plusieurs.

Pour un créateur de contenu, le choix de son agent est crucial et il n'est pas rare de voir des talents quitter une agence pour une autre. Fidéliser et satisfaire ses clients créateurs est pour les agences un enjeu de taille, surtout sur la durée. Seuls les agents et agences les plus honnêtes et sincères assurent leur pérennité.

Les arnaques

(Émilie)

Les cas d'agents crapuleux ayant arnaqué leur talent existent ; Bercy, dans son « Guide de bonne conduite[1] », invite ainsi les créateurs de contenu à être vigilants et à réclamer la transparence de leur agence. Le secteur de l'influence est né il y a une dizaine d'années et a déjà connu plusieurs révolutions. La très forte croissance a engendré un développement parfois anarchique ; tant que les pouvoirs publics n'avaient pas légiféré et créé un cadre régulateur, le secteur a vu se développer une multitude de pratiques, parfois à la limite de la légalité et de la déontologie, voire frauduleuses.

On peut citer certaines agences qui facturent une commission à la fois au talent et à l'annonceur pour la même opération, ou encore des agents demandant des dotations au nom de l'influenceur, mais pour leur propre usage. Ces pratiques ne sont pas illégales mais interrogent sur l'importance de la transparence dans les us et coutumes du métier. Il est fortement recommandé aux créateurs de contenu de garder un œil sur les

1. « Guide de bonne conduite : influenceurs et créateurs de contenu », Economie.gouv.fr.

agissements de leur agent. La confiance n'exclut pas le contrôle.

Plusieurs influenceurs ont donc fait le choix de travailler seuls. Ceux dont la communauté est importante peuvent même embaucher un ou plusieurs assistants afin de superviser leur partenariat et d'être accompagnés dans la création des contenus et la gestion des tâches administratives. Ils dirigent ainsi leur entreprise de manière autonome et ont la main sur l'ensemble des transactions.

C'est notamment dans ce contexte que les créateurs se sont fédérés sous l'égide de l'Umicc, afin de participer à l'assainissement des pratiques du secteur dans lequel ils évoluent.

L'écosystème gravitant autour des influenceurs : une toute nouvelle économie

(Clémence)

Afin de se concentrer sur la création de contenu, beaucoup de créateurs délèguent les tâches créatives ou administratives. En quinze ans un véritable écosystème s'est formé autour d'eux.

Les métiers de l'image

Il est sans doute évident que le premier professionnel indispensable au quotidien d'un influenceur est le photographe. Il travaille en étroite collaboration avec lui afin de réaliser des shootings au plus près de ses envies. Nombreux sont ceux qui chargent leur conjoint de cette tâche ; c'est le cas de Pauline Privez (@Paulineprivez), on l'a vu, qui a longtemps collaboré avec son mari et continue à le faire malgré son retour en France. Il y a même eu, il y a quelques années, un célèbre hashtag #InstagramHusband.

Certains influenceurs font appel à des photographes professionnels : Samuel Lagarto ou Lydie Bonhomme par exemple, mais aussi à des vidéastes pour réaliser, par exemple, des reels Instagram, la plateforme privilégiant ces derniers temps les contenus vidéos. Pour certaines campagnes, les influenceurs ont également parfois besoin des services d'un maquilleur.

Les métiers des chiffres

Autre profession qui peut vite s'avérer indispensable pour un influenceur dès qu'il commence à être connu et donc à avoir des partenariats rémunérés : le comptable ! Il n'est pas toujours facile de mettre la tête dans les chiffres, d'éditer des factures, de faire ses déclarations... Le comptable, en bon investissement, se révèle souvent nécessaire.

L'avocat peut également graviter autour de lui ; il peut être utile, notamment quand le créateur de contenu n'est pas dans une agence d'influence ou n'a pas d'agent, pour l'aider à lire les contrats, vérifier les engagements et négocier la rémunération. Certains cabinets spécialisés dans le secteur de l'influence proposent ainsi un accompagnement spécifique aux créateurs ou à leurs agences.

Les métiers « pratiques »

Un influenceur peut aussi avoir besoin de services pratiques tels qu'une conciergerie ou d'un service de livraison. Tout dépend de ses besoins. Des community managers gèrent les réseaux sociaux en publiant du contenu et en répondant aux messages reçus, ils peuvent aussi organiser des événements si, par exemple, l'influenceur lance une marque, et sont également habilités à négocier les contrats avec des marques et à gérer les relations avec les clients. Cela demande à l'influenceur d'être prêt à lâcher prise concernant certaines tâches.

Enfin, l'influenceur peut également faire appel à un assistant afin de faciliter son quotidien, soit à temps plein, soit à temps partiel. Ses tâches varient bien entendu en fonction de l'influenceur pour lequel il travaille et des besoins spécifiques de ce dernier. Programmer ses réunions, gérer ses rendez-vous professionnels, répondre à ses mails ou aux messages reçus sur les réseaux sociaux peut être autant de missions déléguées par les influenceurs à leur assistant.

LA NÉCESSITÉ D'UNE RÉGULATION

Les dérives de l'influence

(Émilie)

En 2022 le rappeur Booba s'est positionné en lanceur d'alerte sur les dérives de l'influence et le phénomène des « influvoleurs ». L'affaire a soulevé plusieurs problématiques : sa méconnaissance du secteur de l'influence a jeté l'opprobre sur un ensemble de professions sans nuance, ternissant au passage l'image que l'opinion publique se faisait du milieu. Néanmoins, l'affaire a permis de mettre en lumière une certaine dérive et, par ricochet, une régulation du marché. Plusieurs scandales avaient défrayé la chronique, tels que l'affaire de l'influenceuse Nabilla Vergara, condamnée pour pratique commerciale trompeuse sur Snapchat[1]. En 2018, elle avait en effet fait la promotion de produits boursiers sans indiquer la nature publicitaire du contenu. Jusqu'à la loi du

1. « L'influenceuse Nabilla paie 20 000 euros d'amende pour "pratiques commerciales trompeuses" sur Snapchat », Lemonde.fr, 29 juillet 2021.

9 juin 2023, en France, certains créateurs n'étaient pas systématiquement transparents envers leur communauté dans le cadre d'une prise de parole rémunérée, soit par méconnaissance de la loi, soit par volonté délibérée de le cacher.

Le secteur n'avait pourtant pas attendu Elie Yaffa (*alias* Booba) pour engager sa propre mutation et des initiatives d'autorégulation avaient vu le jour, à l'instar du certificat de l'influence responsable de l'ARPP ou de certaines chartes éthiques de grandes agences. Les pratiques douteuses, voire illégales, étaient connues du secteur et l'immense majorité des créateurs de contenu appelaient de leurs vœux l'application de sanctions et la création d'un cadre législatif solide.

Mais les pratiques trompeuses ne se cantonnent pas à la dissimulation de publicité. On peut citer également la promotion de sites à la frontière de la légalité comme ceux pratiquant le dropshipping. Lorsque l'influenceur reçoit une commande, il la transmet directement au fournisseur, qui se charge de l'expédition du produit au client. Autrement dit, le vendeur crée un site alléchant et une stratégie de communication sur les réseaux sociaux, influenceur à l'appui le cas échéant, pour revendre jusqu'à dix fois leur prix des articles expédiés par Aliexpress. Les articles ne correspondent alors pas nécessairement aux allégations produits annoncées, ou sont des contrefaçons. L'influenceur se doit pourtant de vérifier dans la mesure du possible la conformité des produits et services dont il fait la promotion et, bien entendu, leur conformité à la loi française.

Beaucoup de ces campagnes peu intègres étaient monnaie courante chez les influenceurs issus de la téléréalité, mais ils n'en avaient pas le monopole : des promotions douteuses ont été constatées chez des créateurs installés, comme l'influenceuse italienne très suivie Chiara Ferragni, condamnée le 15 décembre 2023 par l'Autorité de la concurrence italienne à payer une amende de plus de 1 million d'euros à deux entreprises (Fenice et TBS Crew) pour pratique commerciale déloyale[1]. La créatrice de contenu aux 30 M de followers avait en effet fait la promotion pour le compte de l'une de ses marques de Panettone et Pandoro, dont une part des bénéfices des ventes devait être reversée à un hôpital pour enfants à Turin. Il n'en était en fait rien puisque la société avait fait un versement unique et définitif à l'hôpital pour une somme forfaitaire de 50 000 euros des mois auparavant. La vente des pâtisseries aurait, elle, rapporté plus de 1 million

1. Autorità Garante della Concorrenza e del Mercato - AGCM, le 15 décembre 2023 : https://www.agcm.it/media/comunicati-stampa/2023/12/PS12506

d'euros aux entreprises de Chiara Ferragni[1]. L'influenceuse s'est depuis excusée mais le mal était fait et l'affaire a mis les créateurs de contenu face à leurs responsabilités lorsqu'ils prennent la parole pour une marque, qu'elle leur appartienne ou non.

Une pratique, moins connue du grand public, est également couramment utilisée par les créateurs : l'achat de followers. Sans réel impact pour les communautés, le procédé n'en est pas déontologique pour autant. Pour une poignée d'euros, il est en effet possible de se construire une communauté de… bots, principalement basés en Indonésie ou au Pakistan. La technique est connue depuis longtemps et beaucoup de marques se sont fait berner car il s'agit d'une forme d'arnaque pour les annonceurs investissant dans un profil dans l'objectif de faire de la promotion auprès d'une communauté qu'ils croient réelle, mais qui s'avère être inexistante. La pratique est très tentante, et si aisée qu'il est difficile pour beaucoup d'y résister. Il est pourtant fortement recommandé de ne pas céder aux sirènes des fermes à clics pour la simple et bonne raison que cela se voit. Il existe en effet aujourd'hui des solutions technologiques qui compilent les données des créateurs de contenu et sont capables

1. « L'influenceuse italienne Chiara Ferragni soupçonnée de fraude à la brioche de Noël », Nouvelobs.com, 9 janvier 2024.

d'accorder une note de fiabilité à une communauté, à l'instar de Kolsquare, Stellar ou HypeAuditor. Ces plateformes se basent notamment sur la provenance de la communauté : un influenceur s'exprimant en français doit avoir une majorité d'abonnés francophones. Si ce n'est pas le cas, et surtout si ces followers ne sont pas en Europe ou aux États-Unis, on peut avoir un (gros) doute. Elles ont également accès aux courbes d'acquisition d'abonnés. Si brutalement le compte a gagné 1 K followers, il est probable que le créateur ait eu recours à l'achat.

Face à ces pratiques hors cadre, répétons que la plus grande part du secteur a toujours eu à cœur d'agir de manière intègre et déontologique. Il nous reste à espérer que le temps des scandales laisse aujourd'hui sa place à la structuration. Booba lui-même a lancé sa propre agence d'influence « responsable ». Il faut lui souhaiter de s'armer de courage dans cette étape entrepreneuriale car il est souvent plus aisé de dénoncer que de construire.

L'importance d'une réglementation

(Émilie)

« Le Net, c'est pas le Far West. » La déclaration punchline de Bruno Le Maire annonçait la couleur et sonnait le glas du développement anarchique de l'influence. RIP arnaques, publicité déguisée et promo du dropshipping : en janvier 2023, Bercy, incité par l'effervescence suscitée dans les médias grand public par l'affaire Booba/Berdah d'une part, et par le dépôt d'un projet de loi (PPL) transpartisane par les députés Stéphane Vojetta et Arthur Delaporte visant à réguler les pratiques de l'influence d'autre part, a lancé une vaste consultation publique. Les citoyens étaient invités à donner leur avis en ligne et, parallèlement, les conseillers numériques du ministre ont entrepris de rencontrer un maximum d'acteurs du secteur afin de comprendre cette nouvelle économie, ses besoins et ses contraintes. L'effort était louable mais la tâche, peu aisée. Comprendre un marché passé de 0 à 20 milliards d'euros en quinze ans et évoluant plus vite qu'un ciel breton est un vrai challenge. Un grand nombre de membres du secteur se sont donc rendus au ministère de l'Économie afin de partager leurs problématiques professionnelles : créateurs de contenu, agences, agents indépendants, représentants des marques, associations de défenses de victimes de l'influence, autorité de régulation de la publicité, etc.

La loi votée le 9 juin 2023 a pour mission, notamment, de donner un statut aux influenceurs et à leurs agents, de définir l'influence commerciale, d'encadrer d'encadrer la déclaration de publicité et l'exposition des mineurs, d'interdire la promotion de certains secteurs.

Maître Raphaël Molina, du cabinet INFLUXIO Avocats, résume : « La loi "influenceurs" a fortement contribué à structurer le secteur de l'influence commerciale, secteur en pleine effervescence. Agents, créateurs de contenu et annonceurs, ont pris conscience de la nécessité d'une transparence totale vis-à-vis du consommateur[1]. »

Les influenceurs, qui violeraient les interdictions ou obligations posées par la loi risquent une peine de prison et de fortes amendes (jusqu'à 300 000 euros dans certains cas) ainsi qu'une interdiction d'exercer. En vue du respect de cette loi, le gouvernement et les pouvoirs publics ont mis en place plusieurs initiatives telles que :

1/ la mise en place d'une « brigade de l'influence » au sein de la DGCCRF ;

2/ l'adaptation du site Signal Conso pour recevoir plus facilement les signalements sur l'influence commerciale ;

1. Entretien avec les autrices, février 2024.

3/ le name and shame sur le compte Instagram de la DGCCRF : publication des noms d'influenceurs contrevenant à ces obligations.

Cette loi a créé un vent de panique au sein du secteur. Non pas que les acteurs ne souhaitent pas l'appliquer, mais elle a généré beaucoup d'interrogations quant à son application. La version initiale, votée en juin 2023, devra néanmoins être réécrite car elle n'est pas entièrement conforme à un règlement européen : le Digital Service Act (DSA), entré en vigueur dès août 2023. Au moment où l'on clôture la rédaction de cet ouvrage, la version définitive de la loi visant à encadrer l'influence commerciale et à lutter contre les dérives des influenceurs sur les réseaux sociaux n'a pas encore été validée. Elle ne devrait néanmoins pas être très éloignée du texte original.

Nombreuses sont les industries pouvant être touchées par cette nouvelle législation, même si elles ne se sentent pas forcément concernées. La définition d'un créateur de contenu, selon la loi, vise les personnes ou entreprises rémunérées pour communiquer au public, par voie électronique, des contenus promotionnels. Elle peut s'appliquer aussi aux séries disponibles en streaming dont la production a été financée en partie par des marques en échange de quelques secondes de mise en avant. Elle peut également toucher les médias digitaux qui pratiquent le publirédactionnel, ainsi que les sportifs, personnalités publiques ou stars de cinéma recevant de précieux cadeaux dont les photos sont reprises sur une multitude de plateformes digitales.

Combien de clips, de séries ou de films comportent des placements de produit, introduits dans le scénario parfois de manière très peu subtile. Ces contenus touchent une très large population et ne sont pas toujours identifiés par le public comme étant des placements commerciaux.

Le secteur de l'influence a donc désormais une définition légale et un cadre juridique, ce qui offre une réelle protection des audiences, notamment pour les plus jeunes. Son impact sera d'autant plus positif lorsqu'elle s'appliquera à tous les formats de publicité en ligne.

L'autorégulation du secteur

(Émilie)

L'encadrement législatif régule désormais les pratiques mais la réelle révolution du secteur vient sans doute de l'action même de ses membres. Le mouvement déontologique est avant tout venu de l'intérieur, avant les scandales et la nouvelle loi.

Les plus anciens créateurs en France font ce métier depuis une quinzaine d'années et le besoin de créer des labels ou des chartes pour faire la distinction entre mauvais et bons influenceurs a toujours été présent. Comme pour tous métiers, certains respectent les règles et souhaitent se distancier des mauvaises pratiques. Cette loi était donc un enjeu pour les créateurs de contenu, mais également pour les agences et les annonceurs, qui avaient besoin de repérer efficacement et simplement les influenceurs fiables, avec des communautés réelles et une éthique professionnelle.

L'un des premiers organismes à avoir entamé un mouvement responsable est l'ARPP qui a lancé, en 2021, un certificat de l'influence responsable destiné aux créateurs, afin de « promouvoir un marketing d'influence éthique et responsable, respectueux des publics ». Au programme : une formation de trois heures trente environ, à la suite de laquelle l'influenceur est soumis à un test (avec un minimum de 75 % de bonnes réponses attendues). Les thèmes abordés couvrent la transparence concernant les partenariats, les règles à respecter pour des prises de parole, notamment sur des sujets comme l'environnement, la santé, l'alcool, les jeux d'argent, mais également les grands principes éthiques qui encadrent le marketing d'influence (loyauté, protection des enfants, décence, dignité…).

Beaucoup de marques comme le groupe L'Oréal en ont fait une obligation pour les créateurs souhaitant collaborer avec elles. Un retrait du fameux certificat peut être lourd de conséquences. Ainsi, une créatrice de contenu qui se l'est vu retiré en 2023 a perdu par la même occasion l'ensemble de ses contrats avec le géant français de la cosmétique. Ils sont aujourd'hui plus de 1 100 à l'avoir obtenu, ce qui est peu et beaucoup à la fois. Les créateurs travaillent de manière isolée, et même si certains d'entre eux sont représentés par un agent ou une agence, ils échangent peu avec leurs homologues. L'information et la sensibilisation ont donc du mal à se frayer un chemin jusqu'à eux alors même que la pédagogie est la clé pour responsabiliser l'ensemble des pratiques.

L'absence de corporatisme était jusque-là un manque dans ce secteur ; c'est pourquoi, lorsque le gouvernement a entamé sa consultation publique, des agences se sont regroupées dans l'objectif d'être davantage audibles dans les débats. C'est ainsi que l'Umicc est née en janvier 2023, formant la première Fédération des métiers de l'influence dont la raison d'être est : « Porter les intérêts des acteurs de l'influence, en particulier ceux des créateurs de contenu, auprès de leurs parties prenantes, et agir pour le développement d'une influence plus responsable afin de protéger les consommateurs. » L'Umicc s'est même dotée d'un comité éthique qui a pour mission de pousser la pédagogie et la sensibilisation des agences et créateurs sur des enjeux environnementaux ou de justice sociale.

Elle n'est d'ailleurs pas la seule fédération à participer à cette révolution responsable puisque le Syndicat du conseil en relations publiques (SCRP) a également lancé son label « Agence conseil en influence responsable ». L'Association pour une influence éthique (Apie) œuvre quant à elle en lançant des projets entre des associations, des agences et des créateurs de contenu pour faire avancer des engagements comme la représentation de la communauté LGBTQIA+, la cause animale ou l'écoresponsabilité.

Le secteur n'a donc pas attendu pour responsabiliser ses pratiques, il a néanmoins toute sa place aujourd'hui sur les grands enjeux de notre époque.

INFLUENCE ET ENGAGEMENTS : L'INFLUENCE PEUT-ELLE CHANGER LE MONDE ?

Influence et enjeux climatiques : le problème et la solution

(Émilie)

Notre planète brûle et l'influence regarde ailleurs. Le film *Don't Look Up* résume parfaitement la situation. Voyages de presse à l'autre bout du monde pour une poignée de jours, yacht, villégiature à Dubaï, surconsommation à outrance. Comme un miroir tendu à notre société, l'influence véhicule parfois des valeurs mortifères pour le climat et l'environnement. Comment ne pas prendre conscience que derrière le partage d'un code promo se cachent des centaines de commandes fast fashion, que la mise en avant d'un voyage en jet ou en première incite et valide les déplacements en avion ? La consommation a pris une place prépondérante dans nos vies et permettrait de définir la place que nous souhaitons occuper dans la société. Comme une crise de la vacuité, nos sociétés modernes accumulent jusqu'à l'écœurement.

Le secteur du marketing d'influence, en symptôme de cette folie consumériste, promeut et invite les audiences à s'identifier par l'achat de vêtements, accessoires, voyages, produits cosmétiques. Mais, s'il fait partie du problème, le créateur de contenu peut également être la solution.

Amélie Deloche, activiste et consultante, cofondatrice du média et collectif @Payetoninfluence, explique : « On dit beaucoup que les influenceurs sont le problème car ils véhiculent des imaginaires dépassés à leur audience mais bien sûr, ils peuvent faire partie de la solution car ils peuvent être des vecteurs efficaces de la transition écologique et de la valorisation de modes de vie plus sobres. Si les influenceurs sont capables de faire vendre aussi efficacement des produits et des services, ils pourraient être les porteurs de nouveaux discours[1]. »

Véritable poil à gratter de l'influence, @Payetoninfluence dénonce les agissements de cette

1. Entretien avec les autrices, janvier 2024.

communauté de créateurs de contenu déconnectés des réalités climatiques. À coups de commentaires piquants et d'invectives sur les réseaux sociaux, le média a entrepris de faire bouger le secteur, à l'instar de @Bonpote, autre média écologiste engagé qui traite régulièrement de la problématique.

Le Groupe d'experts intergouvernemental sur l'évolution du climat (Giec) lui-même souligne leur rôle crucial dans le troisième volet de son dernier rapport : « Les influenceurs sociaux et les leaders d'opinion peuvent favoriser l'adoption de technologies, de comportements et de modes de vie à faible émission de carbone. »

On observe une mutation du secteur sur ces sujets. Incités par leurs communautés de plus en plus sensibles à une approche écolo ou socialement engagée, certains créateurs de contenu ont entamé une évolution de leur discours, comme @McFly et Carlito qui ont reçu Jean-Marc Jancovici dans leur podcast pour parler « influence et écologie ».

Devenir des *role models* : c'est l'objectif qu'une frange toujours plus large de créateurs de contenu s'est lancé, incarner des figures inspirantes en faisant de la pédagogie et en rendant désirables des modes de vie en accord avec les enjeux climatiques.

Cette troisième voie prend de l'ampleur dans le secteur, agissant pour la transition écologique.

Loin des clichés catastrophistes, certains promeuvent même une écologie positive et pédagogique, à l'image de Mamadou Dembele, *alias* @Theimpactstory, qui a fait le choix de partager un message d'espoir à travers des initiatives éco-engagées. « Ce ton qui peut sembler moralisateur, culpabilisateur ou catastrophiste ne permet pas d'embarquer un maximum de personnes. L'angle positif permet de convaincre plus de monde, pour donner envie et rendre désirable ce discours. » Et ça marche ! Lorsqu'on l'interroge sur les retours qu'il reçoit de sa communauté, il explique : « Parmi mes followers, il y a des gens qui sont à la base climatosceptiques ou pas du tout écolos. En entendant parler d'initiatives, ils se disent que l'écologie peut être innovante et ingénieuse. Il leur arrive de changer d'avis sur les enjeux climatiques. »

Mais la transition de l'influence ne peut se faire sans évolution, en premier lieu, des annonceurs dont les budgets de communication dépendent. Sans viabilité économique de l'influence éco-responsable, peu seront en mesure de s'engager sur cette voie. Jusque-là, le choix de partenariats écoresponsables s'apparentait à un sacrifice économique pour les influenceurs. Aujourd'hui, de plus en plus d'enseignes entament leur transition et sont crédibles pour prendre la parole sur le sujet *via* le levier de l'influence. « Il y a de plus en plus d'entreprises à impact qui ont le budget et font de l'influence, mais aussi des acteurs historiques qui développent des initiatives et communiquent dessus. Attention car on peut vite tomber dans du greenwashing mais le marché de l'influence à impact a explosé ces dernières années[1]. »

Il s'agit de la problématique centrale lorsqu'on aborde le sujet de l'influence et l'écologie : est-il rentable de choisir cette voie et d'être créateur de contenu professionnel ? Pour les influenceurs éco-engagés de la première heure, cela n'a pas toujours été un long fleuve tranquille et il a fallu faire des choix cornéliens pour rester alignés avec leurs valeurs. @Deedeeparis, pionnière du blogging puis de l'influence, qui prône depuis 2011 une consommation éthique et responsable, en témoigne : « Il m'a fallu parfois faire des choix financiers difficiles et refuser des propositions de collaboration bien rémunérées. »

On observe, comme dans la société, une disparité forte concernant la sensibilité écologique, avec une influence de plus en plus commerciale d'un côté et

1. Entretien avec les autrices, janvier 2024.

une frange, toujours minoritaire mais en constante progression, de créateurs et d'agences engagés. Comme l'indique le shift project de Jean-Marc Jancovici, la clé d'une transition écologique efficace est la baisse de la consommation effrénée, en un mot : la sobriété. Les enseignes doivent évoluer et parler moins de produits et davantage d'engagements et de valeurs, répondant ainsi aux attentes de plus en plus fortes des jeunes générations sur le sujet. Il est crucial de faire évoluer les imaginaires. Les influenceurs peuvent choisir d'être les porte-voix de cette cause.

Peut-on être influenceur et éco-responsable ?

(Clémence)

En collaborant avec des influenceurs, les marques ont compris comment toucher certaines cibles, et les créateurs de contenu incitent, à travers du placement de produit, à consommer. Dans ce système parfois mercantile, certains ont cependant décidé de faire rimer influence avec éco-responsabilité. Dans leur fil de publication ? Aucun compte rendu de festivals et de tapis rouges, ces influenceurs slow life (« vie lente ») promeuvent un mode de vie plus proche de la nature et moins consumériste.

Pour allier leurs idées à leur métier, ils sont nombreux, par exemple, à refuser le portage, à savoir recevoir les nouveautés des marques que ces dernières envoient souvent aux influenceurs et aux journalistes. Dans une interview au magazine en ligne *The Good Goods*[1], Chloé, connue sous le nom @Chloependerie sur les réseaux sociaux, a expliqué comment elle collaborait avec les marques pour être en accord avec ses valeurs : « J'ai créé mon blog en juin 2010. Au mois de juillet de cette même année, j'avais déjà des demandes de collaboration. Quand on entre dans ce milieu, les marques proposent sans cesse des collaborations, notamment sous la forme de dotation de produits. Depuis que je suis maman, ce phénomène s'est accentué : je reçois constamment des demandes de partenariat pour des poussettes, des couches... En dix ans, j'ai appris à refuser les colis et les portages de certaines marques pour limiter les envois au minimum de ce que j'accepte, afin de ne pas recevoir de produits dont je n'ai pas l'utilité. Avant de faire partie de ce milieu, je ne m'en rendais pas compte, mais en tant qu'influenceurs, on peut vite se laisser déborder par la situation. » Sur son compte Instagram, cette maman installée dans les Pyrénées partage ses conseils slow life au quotidien : comment réduire

1. www.thegoodgoods.fr/media/sante-environnement/smart-influence-chloe-chloe_penderie-les-tips-pour-une-slow-life-epanouie.

ses déchets, laver les couches de son enfant, être plus en lien avec la nature.

L'univers de la mode et son industrie très polluante n'échappent pas à cette prise de conscience de la part des influenceurs. Ils sont nombreux à promouvoir sur les comptes une autre manière de consommer les vêtements. C'est notamment le cas de Nawal Bonnefoy. Sur son compte Instagram aux plus de 30 K abonnés, la jeune femme partage sa vision de la slow fashion entre ses coups de cœur vintage et les marques de mode écoresponsables avec lesquelles elle collabore. D'autres influenceuses comme Rubi Pigeon, Rosa Boh-neur ou encore Clara Victorya prônent cette mode éco-responsable.

En 2018, une soixantaine de youtubeurs lançait une campagne « On est prêt » dans laquelle on retrouvait de très gros créateurs de contenu tels que Sophie-Marie Larrouy, Swann Perissé, ou encore @Natoo. Objectif : faire adopter aux abonnés et aux Français des comportements plus éco-responsables (manger moins de viande, zéro déchet, réduire le plastique...).

Déjà en 2019, @Enjoyphoenix, était l'une des premières à dénoncer le trop-plein de colis reçus quotidiennement. Dans une vidéo intitulée

Pourquoi je ne vais plus recevoir de produits de la part des marques[1], la jeune femme expliquait son choix : « Ça devenait impossible, j'avais la sensation de gaspiller [...]. Je continuais à recevoir des produits alors que j'avais des produits reçus il y a un an voire deux ans, que je n'avais pas encore pu tester. »

Concilier éco-engagement et influence sera le défi de ces créateurs qui ne pourront réaliser ce tour de force sans le soutien de l'ensemble du secteur.

L'influence et la politique : comment les politiques s'y mettent ?

(Clémence)

Et si l'influence était devenue aujourd'hui un passage obligé pour les politiques ? Ce phénomène nouveau, orchestré par le président de la République, Emmanuel Macron, lors du Covid, a pu étonner. Les célèbres youtubeurs @McFly et Carlito ont alors réalisé une vidéo à la suite d'un défi lancé par le président. Le clip *Je me souviens*[2], sur

1. www.youtube.com/watch?v=sk34Bvz_LPo&t=51s.
2. youtube.com/watch?v=t4 hj9xLyxQ.

les gestes barrière, publié en février 2021, avait pour objectif de faire 10 M de vues afin d'obtenir un concours d'anecdotes avec Emmanuel Macron. C'est en seulement quarante-huit heures que les youtubeurs ont relevé ce challenge. Quelques mois plus tard, ils ont donc été invités à l'Élysée, avec le succès que l'on connaît. En vingt-quatre heures, la vidéo a obtenu plus de 8,5 M de vues. En participant à ce concours d'anecdotes, Emmanuel Macron a ouvert une brèche inédite dans la communication politique. En faisant appel à des influenceurs, le but est d'attirer la communauté de ces derniers, mais aussi de faire passer des messages politiques.

Peu avant ce défi lancé par le président, en février 2021, lors de l'inauguration de sa chaîne Twitch et de son émission *SansFiltre*, Gabriel Attal, alors porte-parole du gouvernement, a échangé avec de jeunes influenceurs : @Enjoyphoenix, @Fabian, Julia Layani et Élise Goldfarb (ces deux dernières étant entrepreneuses et autrices du podcast *Coming out*), et Malek Délégué, chroniqueur dans *Balance ton post*. Cette émission, qui devait être un rendez-vous mensuel, a été très largement critiquée lors de sa diffusion[1]. Son premier volet

1. « #etudiantspasinfluenceurs : quand des jeunes taclent la communication du gouvernement sur Twitter », Leparisien.fr, 27 février 2021.

consacré aux étudiants a même fait l'objet d'un hashtag sur X : #etudiantspasinfluenceurs. Est en cause principalement, le choix des influenceurs, déconnecté des réalités étudiantes. Après cet échec, l'émission n'a pas été reconduite.

Toujours pendant le Covid, le youtubeur @Gaspardg[1] a publié une vidéo soulignant les difficultés que traversaient les étudiants durant le Covid, à laquelle Jean Castex n'a pas été insensible. Le Premier ministre a téléphoné au youtubeur, qui a retranscrit leur conversation.

En septembre 2023, Emmanuel Macron a décidé de faire appel à nouveau à un youtubeur pour s'adresser aux citoyens. Interviewé par Hugo Travers, animateur de la chaîne YouTube Hugo Décrypte[2], le jour de la rentrée scolaire, le président de la République était questionné sur l'avenir des jeunes et sur les thématiques de la santé mentale, des inégalités et de l'éducation. Ce n'était pas une première pour le youtubeur qui avait interviewé en 2022 les candidats à la présidentielle avant le premier tour. Si Valérie Pécresse avait manqué à l'appel, Emmanuel Macron, également : le chef de l'État avait à

1. www.youtube.com/watch?v=_lR8-egRXTY.
2. Plus de 2 millions d'abonnés sur YouTube, plus de 5 millions sur TikTok et près de 3 millions sur Instagram.

l'époque privilégié le média Brut pour s'adresser aux jeunes.

Les politiques ont bien compris que s'ils veulent toucher un public plus jeune, c'est par les réseaux sociaux qu'il faut désormais passer. D'après une étude menée par l'Ifop en 2019[1], les réseaux sociaux sont la première source d'information des 18-34 ans, ils sont 45,5 % à s'informer *via* Internet et les réseaux, contre 7,5 % dans la presse écrite. Au-delà des liens avec les influenceurs, certains politiques ont aussi bien compris l'intérêt d'être présent sur les réseaux sociaux. C'est notamment le cas de Jean-Luc Mélenchon et ses 900 K abonnés sur sa chaîne YouTube ou encore d'Éric Zemmour et ses 475 K abonnés.

La communication politique doit-elle adopter les mêmes codes et stratégies d'influence que les grandes marques ? Est-ce aujourd'hui le meilleur moyen d'atteindre les plus jeunes et de les inciter à voter ? Si aujourd'hui les politiques tâtonnent encore un peu, les liens entre les deux univers sont réels, et cette tendance devrait continuer à s'accroître.

1. Noémie Bonnin, « Les réseaux sociaux, première source d'info en ligne chez les personnes sensibles aux théories du complot », Francetvinfo.fr, 18 février 2019.

Chat GPT a-t-il rédigé cette conclusion ?

Pour cette conclusion, nous avons demandé à Chat GPT ce qu'il (ou elle ?) avait à nous dire concernant l'avenir de l'influence. Promis, l'intelligence artificielle d'Open AI n'a pas écrit une ligne de cet ouvrage, mais son « analyse » est intéressante. Nous lui avons demandé de prédire, telle une Pythie 2.0, les évolutions du secteur. Première observation, il semble considérer que l'influence a un avenir, contrairement aux oiseaux de mauvais augure, pourtant très nombreux, qui prophétisent la fin imminente du secteur. Vous êtes forcément déjà tombé sur un article du type : « Est-ce la fin du business des influenceurs ? » ou : « Influence, gloire et opulence : la fin de l'âge d'or ? » Pour le moment, il semblerait néanmoins que les créateurs de contenu puissent dormir sur leurs deux oreilles car selon une étude de l'institut Odoxa[1] parue en février 2023, les influenceurs sont désormais plus efficaces que la publicité. La chute n'est donc peut-être pas pour tout de suite.

Selon Chat (on l'appelle désormais par son petit nom, on se croirait dans *Her*, le film de Spike

1. « Bilan du e-commerce français en 2022 : pratiques d'achats en ligne et focus sur la génération Z », Odoxa.fr.

Jonze), les perspectives de l'influence seraient positives, basées sur un dynamisme des plateformes et des formats. Il est certain que la vitesse d'évolution du secteur, et plus généralement des nouvelles technologies, soutient la frénésie de contenus. On verra très certainement apparaître de nouvelles plateformes, de nouveaux usages, de nouveaux concepts auxquels le secteur devra s'adapter pour continuer à séduire l'audience.

L'agent conversationnel prêche également pour sa propre paroisse et nous prédit que l'IA va révolutionner le secteur. La question n'est pas « si » mais « comment ». Y aura-t-il des influenceurs virtuels ? Guillaume Doki-Thonon n'exclut pas cette éventualité : « Pour l'instant, les influenceurs virtuels [*i.e.* générés par l'IA] n'ont jamais émergé [on en parle beaucoup dans les médias, cependant ils ne sont que très peu suivis], mais d'un autre côté l'influenceur que tu suis, tu ne l'as ou ne vas jamais le rencontrer, alors… La patte éditoriale des influenceurs virtuels née de la fusion de plusieurs tons peut être unique. Rationnellement, je ne vois pas pourquoi ça ne pourrait pas marcher[1]… » Ce scénario est donc plausible si l'on part du principe que les gens peuvent s'identifier à une version virtuelle de leur créateur préféré.

1. Entretien avec les autrices, janvier 2024.

Ce nouvel outil pourrait également booster les influenceurs, leur permettre d'aller encore plus loin dans leurs propositions et leur créativité. « L'IA pourrait même venir challenger les créateurs et mettre en lumière ceux qui ont des prises de parole différenciantes ou dont la démarche est de rencontrer davantage leur audience... L'IA pourrait alors participer au développement des bonnes pratiques sur le secteur », selon Guillaume. Que l'IA aide les influenceurs à produire leur contenu ou qu'elle les remplace totalement, il faudra sans conteste compter avec cette révolution qui, de technologique, peut devenir créative.

Une évolution que notre cher Chat n'aura néanmoins pas vue, c'est la place de plus en plus importante de la data dans l'influence. On ne parle pas au futur ici, la nouvelle donne est déjà en place et tous les acteurs peuvent le ressentir : audience, créateurs, agences et marques. Guillaume explique que « la donnée est essentielle dans la pratique de l'influence marketing – et la donnée que l'on a aujourd'hui, c'est seulement 10 % de celle que l'on sera capable de récupérer dans les prochaines années ».

À moins d'avoir une communauté très importante, la grande majorité des créateurs de contenu sont jugés en fonction des chiffres que génèrent leurs publications, phénomène qui ne peut qu'impacter leur processus créatif. L'envie de créer et de partager du contenu est pourtant à la genèse des réseaux sociaux. Les plus anciens se souviennent que la plupart des utilisateurs s'inscrivaient sur Instagram pour publier de jolies photos et les partager auprès de leur entourage. *Idem* du côté de YouTube pour la vidéo, ou de TikTok qui a connu son essor car les plus jeunes aimaient y apprendre des chorégraphies. Avant d'être des leviers marketing, toutes les plateformes sociales étaient des outils de création. La société a plus que jamais besoin de rêver et l'influence, qui reste une industrie du divertissement, doit se réinventer et insuffler une dose de magie dans son paradigme.

Le besoin de s'évader se fait, en effet, de plus en plus prégnant, notamment chez les jeunes générations dont la santé mentale est une préoccupation, même au niveau européen. Prise entre les fractures sociales et l'urgence climatique, la société ne peut plus détourner les yeux de ces enjeux, pas plus que l'influence. Appel à la surconsommation, cyberharcèlement, fake news sont des fléaux digitaux de notre époque. Selon l'étude Viavoice[1], 28 % des 18-24 ans font plus confiance à une

1. « Les attentes des Français envers les journalistes, l'information et les médias », Institut-viavoice.com.

information relayée sur les réseaux sociaux qu'à ce qu'ils trouvent dans les médias. 47 % des 18-24 ans pensent également qu'avec les réseaux sociaux, il est de moins en moins nécessaire de consulter directement les sites de médias en ligne. Si l'influence et la création de contenu peuvent être un formidable vecteur d'information, notamment auprès des jeunes, il n'en reste pas moins capital de sensibiliser les créateurs aux fake news et à la désinformation. Certaines associations œuvrent d'ores et déjà en sensibilisant les collégiens et lycéens, en les éduquant aux médias. L'école a sans doute également sa part à jouer dans cette sensibilisation en encourageant l'esprit critique et la recherche d'informations.

Afin de répondre à ces défis, le secteur de l'influence s'autorégule pour mettre en ordre de marche l'ensemble des acteurs et faire émerger les initiatives positives. Car il y en a ! Combien de créatrices et créateurs s'engagent aujourd'hui pour porter des imaginaires moins délétères pour notre environnement ? Combien de voix s'élèvent pour parler de justice sociale et de tolérance ? Heureusement, face aux multiples dérives de l'influence, les acteurs engagés s'investissent pour faire de notre agora digitale un espace où il est possible de se fédérer et d'inventer ensemble les imaginaires de l'espoir.

Table des matières

pca
cmb
édition pré-presse
livres numériques

44400 Rezé

#lisez! engagé
www.lisez.com
Pour plus d'information :
Imprimé sur du papier issu de forêts gérées durablement.

Achevé d'imprimer en avril 2024
par Normandie Roto Impression s.a.s.
61250 Lonrai (Orne)
Dépôt légal : avril 2024

N° d'édition : 67027/01 – N° d'impression : 2401506

Imprimé en France